JN333804

大川隆法

Ryuho Okawa

小保方晴子博士 守護霊インタビュー STAP細胞の真偽を再検証する

まえがき

前回、ＳＴＡＰ細胞騒動の渦中《かちゅう》で、ＳＴＡＰ現象を肯定する本を出してから一年二カ月余りになる。

その間、魔女狩り的風潮の中で、一人の若き女性科学者を追いつめていくのを、ドラマのように傍観《ぼうかん》していた人々は多かろう。有力科学者の自殺も出たり、小保方博士自身も、理研を追放され、詐欺《さぎ》だ、窃盗《せっとう》だと追いつめられている現状である。

私も生命科学の実験に詳《くわ》しいわけではない。この点、多くのマスコミの方々と同じである。ただ宗教家的アプローチとして、本人の深層心理を調査ができるので、現在でも自分の判定が同じかどうかを検証した結果が本書である。

私の判断は変わらなかった。彼女は〝シロ〟であり、日本の医学界は、少なくとも十年は後退したと思う。「バブル潰《つぶ》し」や「自虐史観《じぎゃくしかん》」のようなものが、日本の科学界にも、どうやら存在するらしい。

二〇一五年　六月二十二日

幸福《こうふく》の科学《かがく》グループ創始者兼総裁《そうししゃけんそうさい》　大川隆法《おおかわりゅうほう》

小保方晴子博士守護霊インタビュー　目次

小保方晴子《おぼかたはるこ》博士守護霊《しゅごれい》インタビュー

——STAP《スタップ》細胞《さいぼう》の真偽《しんぎ》を再検証する——

二〇一五年六月十八日　収録
東京都・幸福の科学総合本部にて

「霊言現象《れいげん》」とは、あの世の霊存在の言葉を語り下ろす現象のことをいう。これは高度な悟《さと》りを開いた者に特有のものであり、「霊媒現象《れいばい》」（トランス状態になって意識を失い、霊が一方的にしゃべる現象）とは異なる。また、人間の魂《たましい》は原則として六人のグループからなり、あの世に残っている「魂の兄弟」の一人が守護霊《しゅごれい》を務めている。つまり、守護霊は、実は自分自身の魂の一部である。したがって、「守護霊の霊言」とは、いわば本人の潜在《せんざい》意識にアクセスしたものであり、その内容は、その人が潜在意識で考えていること（本心）と考えてよい。

なお、「霊言」は、あくまでも霊人の意見であり、幸福の科学グループとしての見解と矛盾《むじゅん》する内容を含《ふく》む場合がある点、付記しておきたい。

小保方《おぼかた》晴子《はるこ》博士守護霊《しゅごれい》インタビュー

――ＳＴＡＰ《スタップ》細胞《さいぼう》の真偽《しんぎ》を再検証する――

二〇一五年六月十八日　収録

東京都・幸福の科学総合本部にて

小保方晴子《おぼかたはるこ》（一九八三～）

細胞《さいぼう》生物学者。独立行政法人（現・国立研究開発法人）理化学研究所（理研《りけん》）の元ユニットリーダー。千葉《ちば》県松戸《まつど》市出身。早稲田《わせだ》大学理工学部卒業・同大学院修了《しゅうりょう》。工学博士。ハーバード大学医学部に留学経験を持つ。理化学研究所で細胞研究のリーダーを務め、二〇一四年一月、「ＳＴＡＰ《スタップ》細胞（刺激惹起《しげきじゃっき》性多能性獲得《かくとく》細胞）の作製方法を確立した」という論文を英科学誌「ネイチャー」に共同で掲載《けいさい》。一躍《いちやく》、脚光《きゃっこう》を浴びたが、その後、ＳＴＡＰ細胞の真偽《しんぎ》をめぐって糾弾《きゅうだん》を受け、同年末、理研を依願《いがん》退職した。

質問者　※質問順

綾織次郎《あやおりじろう》（幸福の科学上級理事　兼《けん》「ザ・リバティ」編集長　兼　ＨＳＵ講師）

里村英一《さとむらえいいち》（幸福の科学専務理事〔広報・マーケティング企画《きかく》担当〕兼　ＨＳＵ講師）

［役職は収録時点のもの］

1　小保方《おぼかた》博士守護霊《しゅごれい》に再度、「ＳＴＡＰ《スタップ》細胞《さいぼう》は存在するか」を訊《き》く

二〇一四年の「ＳＴＡＰ細胞」問題は、その後どうなったか

大川隆法　昨年の四月に、『小保方晴子《おぼかたはるこ》さん守護霊《しゅごれい》インタビュー　それでも「ＳＴＡＰ《スタップ》細胞《さいぼう》」は存在する』（幸福の科学出版刊）という本を出しました。これは守護霊霊言《れいげん》です。

それを、当時、マスコミがみな小保方さんを〝有罪〟のほうへ追い込《こ》もうとしているところで出し、確実に

『小保方晴子さん守護霊インタビュー　それでも「STAP細胞」は存在する』（幸福の科学出版）

『「嫉妬・老害・ノーベル賞の三角関数」守護霊を認めない理研・野依良治理事長の守護霊による、STAP細胞潰し霊言』（幸福の科学出版）

ぐらつかせました。また、理研《りけん》の前理事長（野依良治《のよりりょうじ》氏）のほうの責任を追及《ついきゅう》した『嫉妬《しっと》・老害・ノーベル賞の三角関数」守護霊を認めない理研・野依良治理事長の守護霊による、ＳＴＡＰ細胞潰《つぶ》し霊言』（幸福の科学出版刊）という本も出しました。

その後、小保方さんがＳＴＡＰ細胞の再実験を行《おこな》ったときには、かなり不利な状《じょう》況《きょう》ではあったように思われますが、監視《かんし》カメラ付きの再現実験のような状況で、ＳＴＡＰ細胞をつくれなかったということもありました。ほかの人もつくれなかったようです。

また、二〇一四年十月七日付で、早稲田《わせだ》大学は、（博士学位論文の取り扱《あつか》いに関して）「おおむね一年間の猶予《ゆうよ》期間を設《もう》ける」という条件を付けながら、「小保方さんの学位を取り消す」と発表しています。

その後、検証実験は十二月十八日で打ち切られ、小保方さんは同月二十一日付で理研を退職というかたちになっています。

さらに、二〇一五年に入り、理研の元研究者の一人が、「小保方さんがＥＳ細胞を盗《ぬす》んだ」として、兵庫《ひょうご》県警に窃盗《せっとう》容疑での告発状を提出し、二月には理研が小保方さんについて、「懲戒処分相当《ちょうかい》」と発表しました。そして五月十四日には、兵庫県警がＥＳ細胞窃盗事件の刑事告発《けいじ》を受理したということもありました。

この件に関しては、私のほうも忙《いそが》しかったこともあり、一年余り放置していましたが、その間、再実験をしていたので、それを見ていたところもありました。

ただ、守護霊霊言を出したこともあって、「その後、どう思っているのだ」などとつつくところもあるように聞いています。

いずれにせよ、「ＳＴＡＰ細胞の発見は事実だったのか、事実ではなかったのか」というところは残っていると思いますので、大方《おおかた》の意見に反対して本を出した以上、それが正しかったのか、間違《まちが》っていたかの検証を、当会としても行っておいたほうがよいのではないかと思います。

前回の小保方さんの守護霊インタビューは、短時間でのものではありましたが、「大川隆法氏も騙《だま》された?!」とおっしゃる方もいるので、「騙されたのか、それとも

小保方晴子氏をめぐるＳＴＡＰ騒動の経緯

▶2014 年	
1 月 28 日	理化学研究所（理研）が**「STAP 細胞」発表の記者会見**を開く。（1 月 30 日付の**英ネイチャー誌に論文が掲載**される）
2～3 月	STAP 論文に関する不正疑惑や、実験を再現できない等の指摘が相次ぐ。同時に、小保方氏の博士論文についても、不正が指摘される。
2 月 17 日	（米国時間）ネイチャー誌が調査を開始。
2 月 18 日	**理研が調査委員会を設置**し、不正行為の調査を開始。
3 月 10 日	STAP 論文の共著者・共同研究者の**山梨大学・若山照彦《てるひこ》教授が、論文撤回を呼びかける**。
4 月 1 日	理研が STAP 論文について、小保方氏による**「改竄《かいざん》・捏造」**があったとする調査報告を発表。検証実験を開始。
4 月 7 日	小保方氏が入院。
4 月 8 日	幸福の科学・大川隆法総裁が**「小保方晴子さん守護霊インタビュー」**を収録（書籍化し、緊急発刊）。
4 月 9 日	小保方氏が**釈明記者会見**を行い、「STAP 細胞はあります」と断言。
6 月 3 日	小保方氏が STAP 論文の撤回に同意。
7 月 1 日	小保方氏が**再現実験**を**開始**（～ 11 月末）。
7 月 2 日	ネイチャー誌が STAP 論文の撤回を発表。
7 月 23 日	小保方氏への過剰な取材による騒動が発生。**NHK の取材で小保方氏が負傷**する。
7 月 27 日	NHK が STAP 研究不正事件の特集を放送。
8 月 5 日	論文の共著者・共同研究者で小保方氏の上司でもある**笹井芳樹氏が自殺**。
10 月 7 日	**早稲田大学**が約 1 年間の猶予期間付きでの**学位取り消し**を発表。
12 月 15 日	小保方氏が**理研に退職願い**を提出。19 日に承認され、21 日付で退職。
12 月 18 日	理研が**検証実験打ち切り**。小保方氏を含め、STAP 細胞を再現できなかったことが発表される。
12 月 26 日	「STAP 細胞は ES 細胞などの混入であった可能性が高い」とし、理研は調査終了を発表。
▶2015 年	
1 月 26 日	若山研究室における ES 細胞の窃盗容疑で、**理研の元上級研究員・石川智久《いしかわともひさ》氏**が小保方氏に対する告発状を兵庫県警に提出。
5 月 14 日	容疑者不詳のまま、1 月 26 日の**告発**が**受理**される。

本当だったのか」、そのあたりのところを少し調べてみたいものです。

フェアな姿勢で「ＳＴＡＰ《スタップ》細胞《さいぼう》」問題の再検証を試みる

大川隆法　今日は、質問者として二人（里村と綾織）が出てきているので、ジャーナリスティックなインタビューになるのではないでしょうか。

私のほうは特に準備はしていません。「科学者の捏造《ねつぞう》事件」のような告発本の類《たぐい》も出ているようですが、そういうものは気分が悪いので買いませんでした。そういうわけで、十分には調査できていません。

そこで、ご本人の守護霊を呼び、どのようにお答えになるかを聞いて、流れの筋《すじ》を追っていきたいと思います。

もちろん、当会が数多くの霊人《れいじん》を調べてきたなかでは、よく分からないものや判定不能のものもあったことは事実なので、全部が全部、結論が出るわけではありませんが、どのようにお答えになるかを聞きながら、話の筋を追っていくつもりです。

それによって、「どう考えても事実は違う」ということであるならば、「やはり違うかもしれない」ということを言わなければいけないでしょう。このあたりについてはフェアに行いたいと思っています。

ただ、現時点では、おそらく、〝マンション引きこもり型〟で、もはや外に出られないような状況になっていて、心境的にはそれほど優《すぐ》れているはずがないでしょう。そのため、ややお気の毒かとは思うのですが、どの程度までお答えになれるかは分かりません。

今回、この世の本人へのインタビューではありませんけれども、もし、小保方さんがインタビューに答えるとしたら、確かに、「ザ・リバティ」（幸福の科学出版刊）ぐらいしかない可能性もあります。（守護霊ではなく）現実の本人がいたとしても、「ザ・リバティ」の取材ぐらいしか受けない可能性は高いでしょうから、その意味では、結果はどうあれ、ある意味での〝スペシャルスクープ版〟ではあろうかと思います。

「イエスの奇跡《きせき》」などの宗教的真理は科学的な再実験が難しい

大川隆法　よく知りもしないのに、『小保方晴子さん守護霊インタビュー　それでも「ＳＴＡＰ《スタップ》細胞《さいぼう》」は存在する』（前掲《ぜんけい》）という本を出した私のほうが騙されたのか、勇《いさ》み足だったのか。理科系についてまったく無知蒙昧《むちもうまい》だったために分からなかったのか、うまいことやられたのか。そのあたりのことについて、善意かどうかは知りませんが、心配してくださる方もいます。

また、理研の問題や文部科学省の問題、当会のＨＳＵ（ハッピー・サイエンス・ユニバーシティ）の問題等、何となく、複雑に絡《から》み合っているような感じもしないわけではありません。

これには文科省が一体になっているので、科学的真理が「教育行政」全部にかかるような考えで見ているところがあります。「科学的に再実験可能なものが真理」という考えができると、宗教的真理というのはかなり難しいものになります。

●ＨＳＵ（ハッピー・サイエンス・ユニバーシティ）　「現代の松下村塾」として2015年に開学の「日本発の本格私学」（創立者・大川隆法）。「幸福の探究と新文明の創造」を建学の精神とし、初年度は「人間幸福学部」「経営成功学部」「未来産業学部」の3学部からなる（4年課程）。2016年春には、新たに「未来創造学部」が開設予定。

例えば、イエスが起こしたさまざまな奇跡《きせき》や、十字架《じゅうじか》からの復活といったことが何回でもできるのであれば、それは大変なことになります。イエスが幾《いく》らでも〝大量生産〟できてしまうわけですから（笑）。そのように、宗教的真理の場合には、「誰《だれ》がやっても同じになる」「何回でもできる」というようなことはありません。そういう真理観です。

この真理観については過去数百年間戦ってきたものなので、「文部省」が「文部科学省」となった段階で、問題はあるかもしれません。

「小保方氏は詐欺《さぎ》と窃盗《せっとう》が目的で不正を行った」という見方への疑問

大川隆法　いずれにせよ、「ＳＴＡＰ細胞があれば、いろいろな人の病気を治せる可能性がある」という意味では、本来は安倍《あべ》政権の成長戦略の一つでもあったものなので、目的・動機はよろしいと思うのですが、「名誉心《めいよしん》のために不正行為《こうい》をしたのかどうか」というようなところが疑われているわけです。

ただ、これは、「そんな小手先《こてさき》でできるようなものではないのではないか」という気がします。これが嘘《うそ》だったら、どうせ分かることなので、そういうことはないのではないかと思うのです。

早稲田の大学院まで行き、さらにハーバードまで行って医学部で勉強し、向こうの教授も応援《おうえん》していました。また、日本のほうでも、上司としてついていた方（笹井芳樹《ささいよしき》博士）は、ノーベル賞候補とも言われていたような方です。

そういう人たちと研究をしていたにもかかわらず、詐欺《さぎ》と窃盗《せっとう》が目的で、あのようなことをするとは思えません。そのあたりについては、かなり見解が違うように感じるわけです。

「他人には再実験できない研究」で疑われたノーベル賞学者もいる

大川隆法　「再実験ができない」ということも、ないわけではありません。

そこで、小保方さんの調査用に、渡部昇一《わたなべしょういち》氏等がよく挙げる、ノーベル生理学・

医学賞を取ったアレクシス・カレル博士の霊でも呼んで、調べてみようかとも思ったりしました。

カレル博士自身も、同じような疑いをかけられていたことがあり、「第一次世界大戦前・戦中・戦後を貫《つらぬ》いて、組織の一部が生き続けた」というようなことを言っています。

私も詳《くわ》しくは知らないのですが、「科学者でその実験に成功した人が誰一人おらず、本人が言っているだけ」というものがあるようです。ノーベル賞（生理学・医学賞）を取っている方ですが、その研究のなかに再実験できないものがあり、同じような疑いをかけられているのです。

ただ、カレル氏はすでに亡《な》くなっています。

アレクシス・カレル
（1873～1944）
フランスの外科医、解剖学者。1912年、血管縫合・臓器移植の研究でノーベル生理学・医学賞を受賞。同年、ニワトリ胚の心臓から採取した細胞の組織培養を開始し、ニワトリの寿命を超える30年余りにわたって生存させることに成功した。また、フランス南部の町ルルドで「奇跡の泉」の水を飲んで難病が治る患者を目撃し、奇跡の存在を認めたことでも有名。著書『ルルドへの旅・祈り』等。

そのように、ほかにも、「その人だけしか、そういうことができなかった」というものもあることは事実なので、ＳＴＡＰ細胞にも微妙《びみょう》な問題があるのかもしれません。

「若い女性を悪く言わない」というマスコミの不文律《ふぶんりつ》は崩《くず》れた？

大川隆法　そういうわけで、小保方さんの守護霊を今、お呼びしても、最初は弱っているのではないかとは思います。先日のスターリンのように〝元気よく〟はないかもしれません（会場笑）（注。本霊言の二日前、スターリンの霊言を収録した）。

ただ、少しずつ訊《き》いているうちに、いろいろなものが出てくるとは思いますので、よろしくお願いします。

当会は、昨年、あの不利な状況のなかで、唯一《ゆいいつ》、小保方さんを擁護《ようご》するビラを撒《ま》いたりした団体ではあるので、ある程度、心を開いてくださるのではないかと思います。

ただ、弁護士だけでは護《まも》れないものもあり、やはり、世論《せろん》の問題もありましょう。

マスコミは、科学とは違うものの、「疑い」を行動原理にしているところがあります。科学には、疑《うたが》って疑って、真理を発見するところもありますが、マスコミにもそういう面があるので、行動原理が似ている部分もあるのかもしれません。

昔は、マスコミにも、「若い女性については悪く言わない」という不文律《ふぶんりつ》があったように感じますが、最近は平気でやります。少し変わってきたのでしょうか。それとも食べれなくなったためか、どちらかでしょうけれども、けっこう厳しいものですね。

里村　女性記者も増えていますので。

大川隆法　ああ、なるほど。そういうことがあるのでしょうか。

ニュートラルな立場で「宗教的真理」を調べてみたい

大川隆法　おそらく、当会としても、別のところで何か連関して引っ掛《か》かっている可能性があるのではないかと思います。

あるいは、下村《しもむら》文科大臣も、当会が、「（小保方さんは）正しい」というような言い方をしたために、ＳＴＡＰ細胞の再現実験に賛同し、その結果、あらぬ火の粉《こ》が降《ふ》りかかったことへの腹いせもあって、幸福の科学大学に対して「（霊言は）科学的ではない」と言って、不認可にした可能性もないわけではありません。そういうことも、ありうるとは思うのです。

とにかく、当会としても、やれるだけのことはやってみましょう。ただ、残念ながら、理科の実験室でやるようにやってみせることはできないので、この点はしかたがありません。やはり、「宗教的な真理は、こうだ」ということになります。

もちろん、それ以外に、「理化学的な真理」もあるでしょうし、あるいは、「法律的な真理」、もしくは、「警察的な真理」というものがあるのかどうかは分かりませんが、そうしたものを、われわれの分かる範囲《はんい》内で調べてみましょう。

また、これについては、ニュートラルな感じでやりたいと考えています。

例えば、霊的な判定等に関しても、スパッと出るものについては受け入れていますが、どうしても疑いが残る場合には、〝三角測量《そくりょう》〟といって、いろいろな霊人に訊《き》いてみたり、違うシチュエーションで訊いてみたりして、同じになるかどうかを見て調べるわけです。その上で、「確定していいかな」と思うものもあれば、意見が矛盾《むじゅん》して、「まだ何とも言えないな」というものもあります。実際、過去のものでは、そういうことが幾《いく》らでもありました。

ともかく、今日は、一つ、このテーマで調べてみたいと思います。

もし、この人で終わりにならないようであれば、ほかのことを考えてもよいのですが、私の解説は、あまり役に立たないと思いますので、早めに打ち切って、とりあえず、ご本人様の守護霊霊言を頂くこととしましょう。

ただ、少し障《さわ》りがある可能性があります。「新潮《しんちょう》の悪魔《あくま》」等がうろうろしているので（手を一回叩《たた》く）、少しだけ障りがあるかもしれません（『「週刊新潮」に巣くう悪魔の研究』〔幸福の科学出版刊〕参照）。

（瞑目《めいもく》し、手を百回ほど叩き続ける。その後、合掌《がっしょう》）

それでは、ＳＴＡＰ細胞で有名になりました、小保方晴子博士の守護霊を、幸福の科学総合本部にお招き申し上げたいと思います。

小保方晴子博士の守護霊よ。

どうか幸福の科学総合本部に降りたまいて、われらにその心の内を明かしたまえ。

小保方晴子博士の守護霊よ。

どうか幸福の科学に降りたまいて、その心の内を明かしたまえ。

（約十秒間の沈黙《ちんもく》）

2　騒動《そうどう》の渦中《かちゅう》にあった一年間を振《ふ》り返る

公然と〝トカゲの尻尾《しっぽ》切り〟をする国への残念な気持ち

小保方晴子守護霊　ゴホッ、ゴホゴホゴホ……（咳《せき》をする）。

綾織　こんにちは。

小保方晴子守護霊　はい。こんにちは。

綾織　昨年四月にも、こちら（幸福の科学総合本部）のほうにお出《い》でいただきましたけれども（前掲《ぜんけい》『小保方晴子さん守護霊インタビュー　それでも「STAP《スタップ》細胞《さいぼう》」

は存在する』参照）、去年一年間、本当に大変な時期を過ごされたかと思います。

小保方晴子守護霊　はい。

綾織　また、今もそれが続いていらっしゃって、なかなか今後についても見通せないなかですが、お話をお伺《うかが》いする機会を持たせていただきました。

小保方晴子守護霊　ああ、はい……。

綾織　まだ整理のつかないところもあるかと思いますので、お答えいただける範囲《はんい》でお話を頂ければと思っております。

小保方晴子守護霊　うん……。はい。

綾織　率直《そっちょく》に言って、今、お考えになっていることは、どういうことでしょうか。

小保方晴子守護霊　うーん……。もう、私には何も手段が与《あた》えられていないので、どうすることもできないんですけれども……。

まあ、この国がこういうかたちで、公然と〝トカゲの尻尾《しっぽ》切り〟をする国だということに対して、心の底から残念な気持ちでいっぱいです。

保身《ほしん》に動いた人たちは「科学者として情けない」

綾織　非常にマスコミ的な質問になってしまうのですが、世の中のマスコミでは、いまだに、「ＳＴＡＰ細胞はまったくの嘘《うそ》であった。捏造《ねつぞう》であった」「小保方さんはおかしな科学者であった」ということが書かれているわけです。こうしたことについては、どのように思いますか。

小保方晴子守護霊　もう、（マスコミの報道が）あんまり多いので、全部、見ているわけではありませんけれども……。

まあ、理系だったので「マスコミ学」はあまりよく分からなかったので、対応が十分できなかったところはあるのかなとは思ってます。

記者会見も応じなかったら怒《おこ》られるし、応じても叩《たた》かれるし、どっちも駄目《だめ》なんですよね。応じなかったら疑いが増大して、ますます疑惑《ぎわく》の中心になるし、応じたら応じたで、その嘘を暴《あば》くというようなことを、いろんな角度からやられて……。

まあ、心理学者みたいな人も動員して、「目がどうだ。口がどうだ。筋肉が引きつった」だとか、「こっちを向いた」だとか、「目がどうなってる」だとか、「〝嘘のロジック〟を暴く」みたいな感じですぐやりたがるし、まあ、どうにもならないので。

研究していたときには、理研《りけん》全体で応援《おうえん》してくださっていたはずなのに、旗色《はたいろ》が悪くなったら、みんな責任回避《かいひ》に出られて、一緒《いっしょ》に研究していた人たちも、誰《だれ》も会見とか証言をしてくださらなくて、「みんな保身《ほしん》に動いた」っていうのかなあ……。それは上からのご命令もあったのだとは思いますけども、「科学者としては情けないな」っていう感じは持ってます。

信念があれば、言いたいことを言われたらいいのに。「給料だけのために、上の言うことを聞く」といったら、普通《ふつう》の会社か、あるいは会社よりも、もうちょっと悪い組織の感じがしますね。隠蔽《いんぺい》する組織って、どういう組織なのか知らないですけど、何か全体が〝マフィアの組織〟になったような感じを受けました。

「誰《だれ》も何もしゃべるな」という箝口令《かんこうれい》が敷《し》かれていた

綾織　周辺の研究者に対する圧力が、そうとうかかっていた状態だったんですね？

小保方晴子守護霊　うん。このへんは、私の考えの至らないところではあったんですけども。「世間《せけん》で大きな注目を受けるということは、それだけ〝被弾《ひだん》〟してもしかたがないんだ」っていうことについて、そこまで認識していなかったので。

まあ、そのへんの「文系的な身の護り方」がよく分からなかった。政治家なんかが身を護るやり方がちょっと分からなかったので。これについてはそういうことだし、上司とか同僚《どうりょう》も同じかと思いますが、とにかく、「誰《だれ》も何もしゃべるな」ということで、箝口令《かんこうれい》が敷《し》かれていて、最終的に私一人のところに責任を持ってきたということでしたね。

でも、たぶん、若手のほうは、ＳＴＡＰ細胞の証明に、一生懸命《いっしょうけんめい》、熱意を持ってやっていたんですけども、元理事長（野依良治《のよりりょうじ》氏）のほうがかなり古い方なので、「そんな若くして、そういう発見をしちゃいけない」みたいな気持ちをお持ちだったような感じです。内部的にそういうところがちょっとあったのかなっていうことは、感じてはいるんですけども。

亡《な》くなった上司・笹井芳樹《ささいよしき》博士に対する思い

綾織　これはお伺いしていいのか迷うところですが、上司でいらっしゃった、笹井《ささい》芳樹《よしき》博士のことです。

小保方晴子守護霊　ええ、ええ。

綾織　やはり、そういう圧力というか、環境《かんきょう》のなかでかなり葛藤《かっとう》をされて、ああいうかたちでお亡《な》くなりになったわけですけれども、そういう状況《じょうきょう》と関係しているのでしょうか。

小保方晴子守護霊　ええ。もう、たいへん気の毒で、なんか申し訳ないなあと思いますが、うーん……。（私を）かばって、かばい切れなかったのかもしれませんけれども……。

「ああいう方が指導していて、そんな捏造とか、窃盗《せっとう》だとかいうようなことを目的でやっているはずがないでしょう」と思うし。山中《やまなか》教授とライバルで、こちらのほうが先発というか、先行していたのに、今、向こうが有名になってますけど……、その巻き返しがあったのは事実ですけれども。

うーん、まあ、そういう学問的な戦いがあったっていうか、競争があったのは、そうなんだろうとは思いますけれども。

まあ、護り切ってはくれなかったと同時に、亡くなられたのは残念ですけども、申し送り事項《じこう》として、私に、「ＳＴＡＰ細胞の存在を証明してくれ」と言い残して亡くなられているということですので……。

里村　そうですね。

小保方晴子守護霊　「死にゆく者は嘘をつかない」っていう言葉もございますように、わざわざ嘘をついてまで死ななくてはいけない理由はございませんので、板挟《いたばさ》みで苦しくて亡くなられたんだとは思います。

このへんが、理系的で、文系的素養がなかった部分の弱さかなあと思います。だから、もうちょっと政治家みたいに応酬《おうしゅう》するやり方が分かれば、できたのかもしれませんが。

マスコミからの攻撃《こうげき》は理研も予想外だった

小保方晴子守護霊　まあ、「あれだけ立派な科学者を亡くした」ということも損失だと私は思いますけども。

うーん……。理研自体がやはり何て言うか、無防備だったかなと思います。専門知識領域なので、ほかのマスコミとかには内容は分からないと思って、高《たか》をくくっていた面があったので、「そんなに袋叩《ふくろだた》きにされるとは思っていなかった」ということはあったのかな。「早く火消しをしよう」ということで、いっぱいだったように思います。

だから、最終的に、ほんとは、私のほうが死ねばいいと思ってたんじゃないかとは思うんですが。「死人に口なし」で、口封《くちふう》じができちゃいますので。

私に「死ね」と言っているんだと思うんです。念波《ねんぱ》的には、そういう念波がずーっと来てますので。私に「死ね」と言って、死んでくれれば、全部が丸く収まるということのように思うんです。

つらいのはつらいんですけど、意地になってでも、やっぱり、何とか粘《ねば》りたいなあと思ってるんですけど。

3　検証実験は十分なものだったのか

犯罪人に仕立て上げるための「検証実験」

綾織　昨年後半、小保方さんは検証実験をされたわけですけれども、これも火消しの一環《いっかん》であったのでしょうか。

小保方晴子守護霊　だって、あの状況《じょうきょう》では、なかなか、そんな簡単に……。だって、自由に研究できないし、材料も手に入らないし、手伝いもいない状況で、「一人だけでやれ」っていうことですよ。「証拠《しょうこ》は全部監視《かんし》カメラで撮《と》っている」みたいな感じなので。

例えば、あなたがたが、「心霊《しんれい》現象が起きた」とか、「幽霊《ゆうれい》を見た」とか言ったって、「それを、もう一回やってみろ。こういう場所で出してみろ」とか言われても、たぶん、できないのと同じなのではないですか。

特定の「場所」と「時刻」と「人」と「シチュエーション（状況）」によって、そういう現象は出ないことも多いでしょうね。

だから、「ほかのところでできなかったら、嘘《うそ》だ」というのと同じようなものです。

とにかく〝犯罪人〟に仕立て上げたかったのだろうとは思うので。まあ、悔《くや》しいですけど。

「科学的な実験は、千回や万回失敗して、成功が出るもの」

綾織　検証実験にものすごい制約がかけられていたわけですね。

小保方晴子守護霊　だって、自由に物が取り寄せられないような状況ですので。

綾織　物そのものが取り寄せられない？

小保方晴子守護霊　ええ、そうです。できないので。あれでは無理ですし、裏切って逃《に》げられた方々も、言うことをいっぱい、主張を翻《ひるがえ》されましたよね。いろんなことに関係がなかったように、「被害者《ひがいしゃ》」のように装《よそお》っていくようなのは、ちょっと……。

まあ、家庭を持つ者とか、いろんな人はみんな、護《まも》るべきものが多いんでしょうけども。大学の立場とか、いろいろあるのだとは思うんですけど……。

何か、日本の科学技術の未来に関して、とても暗いものを感じました。

私は、失敗すること自体は恐《おそ》れているわけではないです。こういう生物学だけでなく、ほかの領域でも、科学的な実験は失敗して失敗して失敗して、千回や万回失敗して、成功が出るものだと思っているので、失敗自体は恐れているわけではないんだけども、「手品でもするように、ポッとハトを出すような感じでできなければ、本物ではない」みたいな感じで、見ておられる方が多いので。
まあ、すごい早いんですよね。急いでる。それがマスコミのあれなんでしょうけど。「締《し》め切りまでに間に合って、活字にしたい」っていうことなんでしょうけど、あの状態では、私としては十分ではなかったですね。

「ES細胞窃盗《さいぼうせっとう》事件」にすり替《か》えられ、研究が後退した

里村　今、綾織のほうから、「結局、火消しの一環として行われた検証実験だったのではないか」という話がありました。確かに当初は、「一年ぐらいかけて検証する」と言っていたのが、結局、去年の十二月のうちに打ち切って、理研《りけん》側が結論を発表しました。

小保方晴子守護霊　「ES細胞窃盗《さいぼうせっとう》事件」に**すり替え**られたんでしょう？　結局ね。

里村　はい。すり替えて、「(STAP《スタップ》細胞は)ES細胞だったんだ」というわけですね。

小保方晴子守護霊　こういうのは……。これで十年か二十年、(研究が)遅《おく》れたと思いますけど、たぶん。私と同じ研究をする人がいなくなってきますから、かなり後退になったと思う。誰《だれ》がやってもできるようになるまでには、(時間が)ずいぶんかかりますから。

「連座制《れんざ》」のような組織の論理が働いている

小保方晴子守護霊　まあ、あまりにも情けない。

「組織の論理」みたいなのは、私にはよく分からないんですけども、ハーバードの教授までが、何か〝発狂《はっきょう》〟してるように言われたりもしているので。日本にまで応援《おうえん》に来てくださって講演もした方にまで、日本のマスコミは、「狂《くる》ってる。研究者たちが狂ってる」みたいなことまでおっしゃっていました。

何か、「関係者が全部罰《ばっ》される」みたいな連座《れんざ》制？　昔の連座制みたいな感じなので。今だと、MERS《マーズ》（中東呼吸器症候群《しょうこうぐん》）の隔離《かくり》みたいな感じですか。私に触《ふ》れた者はみんな、MERSに感染《かんせん》した者と見て、全部、隔離されるような感じなので、「会ってない。見てない。聞いてない。話してない」みたいな感じになっているって感じでしょうかね。

まあ、悔しいは悔しいけど、今のところ、理研も退職になってますし、私にできることはないので。早稲田《わせだ》大学が博士号を取り消すのは向こうの勝手なので、それは何とも言えませんけど。

でも、みんな、「責任逃《のが》れ」なんでしょう？

里村　そうですね。

● MERS（中東呼吸器症候群）　新型コロナウイルスを病原体とする感染症で、中東および韓国で感染が拡大している。死亡率が40～50パーセントと高く、感染者とその接触者の隔離が行われている。

小保方晴子守護霊　ほんとはね、責任逃れをしたいだけなんでしょう？　最先端《さいせんたん》の研究をやってる者については、やっぱり、（研究の）時間が早いか遅《おそ》いかは分からないので。どうなんでしょうかね。宇宙ロケットを打ち上げて、それがまっすぐ飛ばなくて、爆発《ばくはつ》したり、逸《そ》れて宇宙のゴミになった場合、詐欺罪《さぎざい》で捕《つか》まるんでしょうかね？　何か、そんなような感じも受けます。

「自分が成功しないから認めない」という考え方は正しいのか

綾織　小保方さんは昨年四月の記者会見でも、「STAP細胞はある」とおっしゃっていましたし、その前日に守護霊様に来ていただいた際にも同じ言葉がありました（前掲《ぜんけい》『小保方晴子さん守護霊インタビュー　それでも「STAP細胞」は存在する』参照）。

その部分について、「やはり、STAP細胞はあるんだ」と思ってもらえるような材料や考え方は、何かあるのでしょうか。

小保方晴子守護霊　あなたがたの世界と一緒《いっしょ》ではないのかもしれませんけれども、みんな、「自分でやって成功しないから、認めない」っていうようなお考えで、それに外野《がいや》の方がいっぱいついて見ている、ということなんで。

「自分が成功しなかったら認めない」っていうのは、どうなんでしょうかねえ。うーん……。

プロのゴルファーが、ゴルフのスイングを教えたところで、素人《しろうと》が同じようには球《たま》を打てないとは思うのですが。例えば、ホールインワンみたいなものは、プロがやったら起きることもあると思いますけども、「そういうことはありえないんだ」と言ってるような感じにちょっと近いです。

まあ、私どものこれ（ＳＴＡＰ細胞）も非常に微妙《びみょう》なので難しいんですけど。やっぱり、最高の「スタッフ」と「環境」と「材料の提供」等がないと、それは難しいです。やっぱり、できないです。

STAP《スタップ》細胞《さいぼう》ができるための「一瞬《いっしゅん》のベストコンディション」

綾織　これは専門家の人も言っていることですが、生命科学の分野は、命を実験として扱《あつか》うので、「誰が実験するか」ということによっても影響《えいきょう》が出てきますし、もしかしたら、「その人がどういう考え方か」ということでも、影響が出るかもしれないという話もあります。

やはり、今回のSTAP《スタップ》細胞《さいぼう》は、非常に微妙なところで成り立っているものと考えてよろしいのでしょうか。

小保方晴子守護霊　これは、まだ、トライアルレベルというか、ベースというか、まだ試作のレベルしか行《い》ってないので、完成品で誰もがつくれるようなところまでは、とてもではないですが、行かない状況です。

あなたがただって、「監視カメラ付きでいろいろなことをやる」なんていうのは、なかなか厳しいと思うんですけど。非常に微妙なことなんですね。

私たちの研究の段階では、「一瞬《いっしゅん》のベストコンディション」が出なければ、これ（ＳＴＡＰ細胞）はできないものではあったのです。

だから、ほんとは、スタッフで一緒に働いてた人たち、みんなの証言をちゃんと取ってくだされば、分かるはずなんですけど……、みんな、何も言わないです。

「私に責任を取らせる」という方針が決まっているし、まあ、「有名になったから、責任を取れ」ということではあるので。

「難しいから値打ちがある」という考え方が必要

小保方晴子守護霊　エジソンにたとえる気はありませんけれども、電球のフィラメントだって、いろいろ試《ため》してみなきゃいけないわけです。駄目《だめ》であっても、「それは駄目だ」っていうことが証明されたにしかすぎず、ほかの方法を考えなきゃいけない。「いろんな条件下で、よりよい結果が出せるかどうか」というあれだったので。

少なくともバカンティ教授とか、自殺された直属の上司とかは、ＳＴＡＰ細胞を信じてやってくれていた方々であるので、その人たちと一緒に研究していて、騙さなきゃいけない理由は、私には何もないです。

難しいから値打ちがあるので。誰でもできるなら、それは値打ちがありません。玉子《たまご》焼きを焼くようなわけにはいかないのです。玉子焼きや目玉焼きを焼くのでも、失敗する人は失敗すると思いますが、「自分が目玉焼きを焼けなかったから、目玉焼きは無理だ」っていうようなところはあるんじゃないですかね。

だから、予算をいっぱい使ったので、「無駄金《むだがね》を使ってやってる。それが詐欺《さぎ》だ」というような言い方だと思うんです。

まあ、理科系のほうは予算のほうで見られたら、それは結果が「詐欺」って言われる。失敗したら結果、詐欺になるものは、どの世界でもたくさんあるので。

結局、「理研が予算を確保するために、こういうものがあることにして予算を取ろうとしたのではないか」みたいな疑いでしょう？　そういうのがかかっていて、それを打ち消すために、火消しに入って〝尻尾《しっぽ》切り〟をしているということかなと思うんですけどね。

ちょっと悔しいな。うーん。

4　小保方博士の研究は何を目指していたのか
「万能細胞《ばんのうさいぼう》」という言葉にマスコミが飛びついた

綾織　今、マスコミ的には、「STAP《スタップ》細胞《さいぼう》はない」という話になってしまっているのですが、先ほどの「ベストコンディション」という部分は、小保方さんの記者会見（二〇一四年四月九日）で、「独特のレシピがあります」とおっしゃっていた部分と重なるところだと思います。「STAP細胞の真実性」という意味で、何かお話しできる部分はありますでしょうか。

2014年4月9日に行われた釈明記者会見。

小保方晴子守護霊　まあ、「弱酸性の液体で刺激《しげき》するだけで、どんな細胞にでもなれる『万能《ばんのう》細胞』を作製する」っていう言葉自体が、「万病《まんびょう》に効く何とかの薬」というような言い方なので、まず、それを聞いて疑わしいと思う人が多いのだろうとは思うんですけども。ほかの人が聞けば、ずいぶんオーバーな言い方に聞こえるんだと思うんです。

実際は、いろんなかたちでの実験をしなければいけないんです。ちょっと「万能細胞」というところに、マスコミが一斉《いっせい》に飛びついた部分があるので、裏切られたような気持ちでの批判がすごく出たんじゃないかとは思うんですけども。

短期間に大きく変化したＳＴＡＰ細胞に関するマスコミ報道

朝日新聞 2014 年 3 月 15 日付　　朝日新聞 2014 年 1 月 30 日付

要するに、「万能細胞になる可能性があるもの」ということではあったのです。

基本的に「進化の理論」を考え、生命の起源に迫《せま》っている

小保方晴子守護霊　やっぱり、「進化の理論」を基本的に考えているんですよ。まあ、あなたがたを知ってから、宗教のほうにもいろんな別の理論があるらしいことは聞いておりますけれども。

科学的にはですね、やはり、「原始の地球において、海から生命が誕生した」ことにはなっているわけです。

それは、本当に、ごく初歩的な、タンパク質のもとになるようなもの、アミノ酸等が出来上がって、今の理論では、偶然《ぐうぜん》に偶然が重なってですね（笑）、「雷《かみなり》が落ちたり、海が荒《あ》れたり、いろんな偶然があって生命になったんだろう」というのですが、ここが分からない。ここが分からないところなんですよね。

これが、何の条件で、いったいいつできたのかは分からないけれども、たぶ

ん、タンパク質の塊《かたまり》が何かできた。それで、タンパク質の塊まではできるんだけど、「それが動き出すかどうか」というところが、非常に微妙《びみょう》ですよね。「なんで動くんだろう」というところです。

この「生命の起源」に、今、私たちは迫《せま》っているので、すごく難しいことなんですよ。

綾織　うーん。

小保方晴子守護霊　物理のほうでは、「ビッグバンで宇宙ができた」なんていうことで、たやすく信じてくれる方が多いらしいけれども、実際に百四十億年も昔に行って見てきたわけでもないだろうに……。

「（宇宙の）今の膨張率《ぼうちょうりつ》がこうだから、これを膨張する前に戻《もど》していったら、百三十八億年ぐらい前に一点になる」というだけの計算式ですけど、そんな理屈《りくつ》でビッグバンを信じている人がいっぱいいるんでしょう？　こんなの、証明になってませんよね、現実はね。

今、私たちが見える範囲《はんい》は、ほんの少しだけですから。今の少しの間では、ちょっと広がってるように見えているだけで、これがどういうことなのかは、意味が分からないはずです。

私は今、その、「地球における生命の発生と進化の謎《なぞ》」に迫っているところなので、とても難しいわけです。

これは「神様の領域」に入っているんですよ。

綾織　ああ……。

小保方晴子守護霊　だから、本当に、弱酸性の液体で刺激しただけで、それが発生したのか、何らかの生命反応がそれに関わってきたのか。「生命反応」というのは、あなたがたが言う、「霊的《れいてき》な生命反応」ですね。何かが、かかってきたのか。ここが、「宗教」と「科学」のいちばん分かれるところでしょう?

これは、本当は分からない部分が、実際にはあるんですよね。だから、タンパク質自体ができたとしても、これが生き物になるということは、やはり難しいことですね。

里村　なるほど。

「タンパク質から合目的《ごうもくてき》的《てき》な動物に進化した」という証明は難しい

小保方晴子守護霊　生き物でも、アメーバみたいに、ただ動いていただけのものから、それこそ、マウスになるのでも、ネコになるのでも、トラになるのでも、ちょっと考えられないぐらい難しいし、今は、そうなっているものには、みんな、なかに〝設計図〟としての遺伝子が入っているわけですね。

では、なんで遺伝子という〝設計図〟が入っているのか。そういう偶然にできたタンパク質、コアセルベートとか、そんなものが、合目的《ごうもくてき》的《てき》な動物になり、人間にまで進化するということの証明は、これは、そうとう難しいことです。

化石があったとしても、それだけで認められるわけにはいかないですよね。その途中《とちゅう》の、人間になる前の、チンパンジーらしきものがあったとか、そんなことだけではちょっと認められないものだと思うんです。

その「生命の起源」のところを、今、いちばん問題にしているのです。本当に、これが偶然に起きるのか。誰《だれ》がやっても起きるのか。ある条件の下《もと》にのみ、その生命現象が起きるのかといったことは、これは分からない部分なので、やはり、実験の成功・失敗が出てくるところなんですよね。

「生命の誕生」とは愛の結晶《けっしょう》であり、何らかの目的性がある

綾織　「神の領域」ということになると、誰もができてしまうと、「全員が神様にな

●コアセルベート　高分子化合物の集まりなどからできた液状の物質。自己増殖する性質等があるため、生命の起源につながる物質と捉える説もある。

って しまう」というような矛盾《むじゅん》が起きますよね。

小保方晴子守護霊　そうでないと気が済まないんでしょうけど、これは、要するに、「生命の誕生」と、その「進化」にまで関わる内容を含《ふく》んでいるものなのです。

だから、「私がいたからできた」のか、あるいは、「何らかの神秘作用が働くような条件があったために起きた」のか、どうしても分からない面はある。

これはもう、私は霊的な言い方しかできないんだけれども、少なくとも、「生命の誕生」というのは、やはり何かの愛だと思うんですよね。

里村　はい。

小保方晴子守護霊　つまり、「生命よ、生まれよかし」という感じかな。「生む」ということは、やはり、愛の結晶《りっしょう》で、多くの人たちの「それを誕生させたい」っていう思いが、生命の発生してくる過程に必ず関わっているはずだと思うんですよね。だから、「石と石をぶつけていたら惑星《わくせい》になった」みたいな感じの理論もあるけども、「偶然にできた」っていうのは、にわかには信じがたいものはありますね。

やっぱり、「目的性」があるようには見えるのでね。

STAP《スタップ》細胞《さいぼう》の「検証実験」には、みんなの協力関係が必要

小保方晴子守護霊　その「生命の目的」のところまで入らなきゃいけないので、みんなが一つになってやってるときには成功する可能性のあったものが、疑いでもって実験が見られるようになれば、成功しなくなってくることはある。

例えば、あなたがたは、こういう「霊言《れいげん》」をやってますけど、これが新潮社《しんちょうしゃ》のなかや文藝春秋《ぶんげいしゅんじゅう》のなかで成功するかどうかは、それは分かりませんね。

綾織　それは難しいと思います。

小保方晴子守護霊　とっても難しいと思います。〝逆風《ぎゃくふう》〟として、疑い、疑い、疑い、「あんなもの、あるもんか」と思ってる人や、「〝腹話術《ふくわじゅつ》〟が上手ですね」というような感じの人のなかでやるのは、けっこう厳しいだろうと思うので。

「実験」といったって、本当は何が原因で成功するのか……。成功する反面、失敗の回数は、もうもちろん、ものすごい数があるわけですからね。

だから、私が言いたいのは、「最後の、つくるあれ（再現実験）をやれ」とおっしゃったけれども、申し訳ないですが、これは何か、もう最後に（私を）有罪にするためにやられたような感じには見えます。

また、細胞とかも、もちろん、いろんなところから取り寄せて、それを使ってやるものだけども、それにもやっぱり条件があるので。これは専門的なので言いにくいですけど、「できて、どのくらいのものだ」とか、まあ、経《た》った時間ですね。時間とか、機能とか、そういういろんなものの条件がやっぱり合ってないと駄目《だめ》なので、みんなが協力してくれる関係にないと、すべてはできない。

私がいちばん受け持ったところは、最後の変化させるところなので。その素材部門のところを疑ってる人がいるんだと思うけど。素材部門のところの調達、それから準備、培養班《ばいようはん》が確保できなかったら、やっぱりできないですね。

だから、何だろうか。うーん……。「『気の抜《ぬ》けたビールを元に戻して』と言われてもできない」っていう感じかなあ。

5　科学者の世界で起きている「死闘《しとう》」

「科学者は、自由でなければいけない」

里村　今、検証実験のやり方やプロセスのところについて、ご意見を頂きましたが、結論においても、理研《りけん》側は、「あれはＳＴＡＰ《スタップ》細胞《さいぼう》ではなくて、ＥＳ細胞である」というように発表しました。

しかし、「それは無理があるのではないか」という意見もございます。例えば、「ＥＳ細胞では、胎盤《たいばん》はできない」という意見です。

つまり、「胎盤ができた」という現象に注目して、若山《わかやま》教授など、みんなが、「これは今までにない細胞だ。ＥＳ細胞ではない」ということを言って、研究が進んだわけですが、それに関して、理研は、昨年の検証の結論で、「あれは胎盤と見間違《みきちが》ったのだ」というように発表したわけです。
ただ、「そうした一流の科学者が見間違ったというのは、非常に推論に推論を重ねたような結論である。結局、最初から結論ありきではないか」という批判もございます。これについては、いかがでしょうか。

小保方晴子守護霊　まあ、（私を）葬《ほうむ》りたいんだろうと思うんですが、それについては、「科学」っていうのは、上下《じょうげ》関係があるところでは本当は難しいんです。やはり、「科学者は自由じゃなければいけない」んですね。
会社の仕事は違うのかもしれませんし、上にいる人は経験が長くて、判断がよくできるのかもしれないけれども、こういうものは、みんなそれぞれ、専門職の職人のようにやってるので、そういう経験と年齢《ねんれい》だけで決まるようなものではないんです。

STAP《スタップ》細胞《さいぼう》の研究は、もう少し、隠《かく》れてやるべきだった

小保方晴子守護霊　マスコミに出て、騒《さわ》がれなければよかったかなあって……。本当に、最初の段階で、もうちょっと時間があれば。去年（二〇一四年）の年初からの発表みたいなのを抑《おさ》えて、隠《かく》れて、もうちょっと、ずっとやるべきだったかもしれません。

ただ、これは（理研の）上層部のほうが、予算獲得《かくとく》のために、PRを早くしたくて急いだところもあったんで、自《みずか》ら墓穴《ぼけつ》を掘《ほ》ったところがあると思うんですけどね。

うーん。

もう三年ぐらい、あの協力体制で秘密裡《り》にやれれば……。実は、これは、iPS細胞《さいぼう》系の方々からも護《まも》らないと駄目《だめ》な案件だったので。いろんな自動車会社の新車の開発みたいに、〝スパイ〟しているところが多かったので、そのへんからも護らなければいけないので。

うーん……。若干《じゃっかん》、残念ですが、もう帰らない〝時間〟ではありますねえ。だから、私を葬って、それで何かが進むなら結構ですけれども、別に何も進まないで、(STAP《スタップ》細胞の)研究者がいなくなるだけのことだと思いますけどね。

「STAP《スタップ》細胞《さいぼう》」と「iPS細胞」の死闘《しとう》があった

里村　若手の研究者は、今回の事件で、やはり非常に萎縮《いしゅく》していますよね。

小保方晴子守護霊　それは、そうでしょう。

里村　あるいは、「日本ではとても、最先端《さいせんたん》の研究、先鋭《せんえい》的な研究は無理だ」というように判断する人も出ていると聞いています。

小保方晴子守護霊　それはバカンティ教授が言ってるとおりなんです。「日本という国は、何という国だ」って、言ってるわけです。

確か、去年、理事長（野依良治《のよりりょうじ》氏守護霊）が言っておられたんじゃないかと思いますけれども、「山中《やまなか》先生の独創的研究が、十年間ぐらいは走れる状況《じょうきょう》をつくらないと許されないんだ」というような、「日本的な締《し》め付け」がすごくあったんです（前掲《ぜんけい》『嫉妬《しっと》・老害・ノーベル賞の三角関数」守護霊を認めない理研・野依良治理事長の守護霊による、STAP《スタップ》細胞潰《さいぼうつぶ》し霊言《れいげん》』参照）。

あちらも研究所があるので、（STAP細胞の研究は）「あちらのほうが完全に閉《へい》鎖《さ》に追い込《こ》まれる可能性のある研究」であるんですね。あちらの予算がゼロになる可能性がある。

言ってみれば、向こうの予算を全部こちらのほうに持ってくる可能性がある研究ではあったので、そういう意味では、これは、生きるか死ぬかの「死闘《しとう》」ではあったんですよね。

里村・綾織　はい。

小保方晴子守護霊　だから、実際に死んだ人も出てきたということです。

里村　その意味では、「純粋《じゅんすい》な科学的な問題ではなくて、科学行政等、いろいろなものが絡《から》んだなかで、ひとつの犠牲《ぎせい》になった」というお考えなわけですね。

小保方晴子守護霊　うーん……。だから、論文だって撤回《てっかい》したくなかったんですけどね。もう圧力がすごくってね。

とにかく、何か、警察で自白《じはく》させられてるのに、よく似た感じですね。「自白すれば罪を許してやる」とか、ああいう感じにちょっと近いような。「撤回すれば、クビにはしないで済ましてやる」とか、「何らかのかたちで残してやる」みたいな感じの誘惑《ゆうわく》は、すごくありましたよねえ。

里村　はい。

“魔女狩《まじょが》り”で潰《つぶ》されたことを嘆《なげ》く小保方博士守護霊

小保方晴子守護霊　「ハーバードに帰ってこい」っていう声もあったんですけど、「向こうでやらないか」っていう声もあったんですけれども、ちょっと、私にご縁《えん》のあった方に、みんな責任がかかってしまった感じになっていて、私は今、ものすごい悪女《あくじょ》になってるんでしょ？　たぶんね。すごい悪女というか、本当に、“MERS《マーズ》”（のウイルス）そのものになってるでしょ？　きっとね。

だから、（私に）味方した者は、みんな“魔女狩《まじょが》り”で狩られてるんでしょ？　あなたがたのところにまで、それが及《およ》んでるんでしょ？　応援《おうえん》した以上は、関わった者はみんな“感染《かんせん》”してる可能性があるんでしょ？

“小保方感染”というのがあって、必ず保菌者《ほきんしゃ》になってるから、それは隔離《かくり》しなきゃいけなくて、たぶん殲滅《せんめつ》しなきゃいけないっていう。こういう「暗黒時代」みたいなのは、どうにかならないんでしょうか。

里村　そうですね。

小保方晴子守護霊　私は、「研究に失敗しない。絶対、失敗しないという自信がある」と言ってるわけじゃないんですけどね。失敗は付きものなので、しょうがないですけど。

ただ、もうちょっと温《あたた》かい目で、時間をかけて見てくれないと、「すぐに製品になる」みたいな感じにはなるわけじゃないっていうか、すぐ実用に適するようになるわけじゃない。

「ライバルが明確にあるなかで、こういうのを発表されてしまった」っていうこと自体が、私たちは、〝夜襲《やしゅう》〟をかけられるような状態にあったわけなので。「これがいかにインチキか」っていう、もう潰《つぶ》したい勢力はすでにあったので。

だから、ちょっとこのへんが、「作戦的にどうだったのかな」っていう感じですね。

6 「科学的実証性」は、本当に正しいのか

「過去成功したSTAP《スタップ》細胞《さいぼう》の条件には、分からない部分がある」

綾織　今回の件の結果として、「今の教育行政が、完全に唯物論《ゆいぶつろん》的な考え方に支配されている」というような状態があります。

小保方晴子守護霊　まあ、そうですね。

綾織　この影響《えいきょう》は、生命科学の世界だけではなくて、先ほどおっしゃったような、宗教系の大学にも及《およ》んできています。「この考え方で、ずっと教育をされる」ということになると、もう本当にたまったものではないのですけれども。

小保方晴子守護霊　はあ……（ため息）。いや、私たちの世界の最先端《さいせんたん》のものは、もう「千に一つ。万に一つ」なんて、なかなか、そんなものでは成功しないものなので。もう「百万に一つ」ぐらいの可能性を追い求めているので。

私は、「STAP《スタップ》細胞《さいぼう》は、過去、できた」と思っているんですけれども、それが科学的なデータの条件だけでできたのかどうかは分からないところが、どうしてもあるんですよ。どうしても分からないので。うーん……。ちょっと残念です。

（そういうことを）同僚《どうりょう》たちは、知ってるはずなんですが……。

綾織　ということは、少し先ほどの話に戻《もど》るんですけれども、ご自身で「レシピ」とおっしゃっていた部分は、そういう「精神的なもの」や「人間関係」「チーム全体の力」等も含《ふく》めた、かなり人間的・精神的で、私たちの立場からすると、「霊的《れいてき》なものがいろいろ組み合わさってうまくいった」というかたちになりますか。

小保方晴子守護霊　そうですし、時間がすごく長時間にわたるものなので、化学的なものは、本当に夜も寝《ね》れないようなものが多いんです。誰《だれ》もいなかったら、変化に気づく人がいませんので、チームを組まないかぎり、できないところがあるんですね。

だから、その間に他者《たしゃ》が入ってきて、何か工作なんかされたら終わりになりますし、一人では、残念ながら、「眠《ねむ》りもしないで、ずっとやり続ける」っていうことは無理なので。

うーん。若干《じゃっかん》、「お米はあげないけど、おにぎりをつくれ」って言われたような感じはあります。そんな感じ。

綾織　お米を炊《た》かないで？

小保方晴子守護霊 「お米なしで、おにぎりをつくれ」って。

綾織 お米なしで（笑）。

小保方晴子守護霊 うん、「おにぎりはつくれ」という感じには見えましたね。だけど、ほとんど、もうすでに、〝刑務所《けいむしょ》の労働〟をやらされてるような状態だったので。とにかく、「かたちだけやってみせて、『できない』と認めれば、それでいいんだ」と。要するに、論文を撤回《てっかい》させるために、やらされただけなので。ちょっと、最初のみんなの盛り上がりから見ると、「悔《くや》しいな」っていう……。

生命科学の世界において、「ない」ということの証明は難しい

里村 小保方博士のこのＳＴＡＰ細胞の問題が起きてから、結局、検証する側は、

何度も「再現性」、あるいは「科学的実証性」という言葉を使っており、一見《いっけん》、もっともらしく聞こえます。

また、そういうなかで、私ども、幸福の科学グループの大学の申請《しんせい》に対しても、「再現性」や「科学的実証性」というような言葉を使われて、否定などされています。

ただ、流れとしては、「今、再現できないから、これはないんだ」というように否定してかかるのは、私は、ある意味で、非常に怖《こわ》い傾向《けいこう》ではないかと思うのですが、いかがでございますか。

小保方晴子守護霊　「ない」ということっていうか、「できない」ということの証明は、難しいことですからね。とても難しいことなので。

例えば、「宇宙人はいない」っていう証明は、やっぱりできないでしょう？

里村　はい。

小保方晴子守護霊　「現に、そこに捕獲《ほかく》していないから、宇宙人はいない」っていうことでは、証明にはならないですよね。だから、「ない」ことの証明は難しいですけどねえ。

ただ、このSTAP細胞が「ある」ことについては、もうちょっとだけ、もうちょっとだったんですけどね。

もうちょっとだけ、データを積み重ねることができれば、可能性はあったんですけど、ちょっと急いだところもあって、若干《じゃっかん》、悔しいですね。

全部がねえ、それは、そんなに合理的な世界じゃないんですよ。この生命科学の世界も合理的じゃないんですよ。何か、小さいけど、生きてるんですよ。生きてるものが動いてるんで、決して合理的じゃないんですよ。どうして死ぬのか。どうして動くのか。そんなに合理的じゃないんですよ。だから、そう簡単に分からないんですよ。
もう、人間性の根本《こんぽん》から疑ってかかられている以上、どうしようもないですけどね。いったん、「嘘《うそ》つき」とレッテルを貼《は》られたら、何をやっても嘘つきなんでしょうし、いや、あなたがたも、それを狙《ねら》われているんでしょう? きっとね。「霊《れい》言《げん》は嘘だ」ということで、一気に全部否定できますからね。そういうことなんでしょう?
だから、私のところなんかが、それに使われてるんだったら、何かとても申し訳ないなと思っています。

里村　いえ、いえ、いえ。

小保方晴子守護霊　本当に申し訳ないです。だって、こういうことは、宗教的に証明するのはなかなかできないでしょうから。

小保方博士の研究は「生命の起源」に挑戦《ちょうせん》するものだった

綾織　今、おっしゃった、「もうちょっと」という部分について、お伺《うかが》いしたいと思います。

先ほど、ご自身は、「最後の変化のところを担当されている」というお話でしたけれども、やはり、「そうした、いちばん最後の何かが起こる部分の秘密が、もしかしたら分かってきそうだった」ということなのでしょうか。

小保方晴子守護霊　だから、これが、要するに、「生命の起源」みたいなものへの挑戦《ちょうせん》というか、私たちの臓器なんかも、みんな、もっと小さな胎児《たいじ》から発生してきて、いろいろ出てきているわけだけど、「なぜ、そうなってくるのか」のところですよね。とても難しいところなんです。

例えば、『旧約聖書《きゅうやくせいしょ》』のように、「神様が息を吹き込《こ》んで人間ができた」みたいな言い方があるけれども、そのアニマっていうか、命を吹き込む部分が何かあるかもしれないのでね。「これが客観的条件だけでできているかどうか」が分からないんですよね。
だから、最後は、誰がやってもできるところまで行かないと、実用性まで行かないのはそうなんですけど、そこまで行くには、もうちょっと……。もう、ちょっとでねえ……。

綾織　先ほど、「愛の結晶《けっしょう》」というお言葉も使われていましたけれども、これを逆に、科学者の側に分かる言葉で説明するとどうなるのでしょうか。

小保方晴子守護霊　うーん……。だから、〝魔女狩《まじょが》り〟に遭《あ》ってるので、私が「魔女」だとすれば（苦笑）、「魔法を使ってつくっている」という言い方はあるでしょうね。

その魔法が、「窃盗《せっとう》だ」とか、「詐欺《さぎ》だ」とかいう言葉で表されれば、そうなのかもしれないし。まあ、失敗した数に比べれば、「成功した」って思ったものは、ものすごく少ないのでね。

だから、材料は使ってるんですよ。何かの材料は使っている。その材料が一定ではないのでね。それで、結果が一定にならないんです。そのため、彼らは、「ほかのものを盗《ぬす》んで使った」みたいな言い方をしているんだけれども……。

さっき言いたかったのは、「原始の海で生命反応が起きて、生命のもとになるものが進化して、かたちが変わってきた」っていうなら、私は、「原始の世界で生命が進化するためには、極《きわ》めて当たり前の現象の、微小《びしょう》な変化で何かが起きなければいけない」というようには思っていたんですよ。

だから、「弱酸性の」と言っていますが、「弱酸性の海で、生命反応が促進《そくしん》される」というような、簡単な原理でないかぎり、あるいは、「日光が当たる」とか、いろいろあるかもしれませんが、何かそういうものでなければいけないはずなんですけども。

そうですねえ。どういうふうに……。何かの刺激《しげき》が要《い》るのは事実なんです。刺激が何か要るんですけど、その「刺激の条件」ですよね。

それで、もし、「つぎはぎの論文で嘘をついて、それを通そうとした」っておっしゃるなら、そういうつもりは私にはなかったので。「万能《ばんのう》細胞」っていう言い方に対する反発が、すごく強かったのかなとは思うんです。

「シンプルなもので変化する方法をつくろうとしていた」

里村　山中《やまなか》教授らの「iPS細胞」というのは、さまざまな病気の解決・治療《ちりょう》というものと非常に結びついているんですけれども、今の小保方博士の守護霊様の言葉を聞いて、もう少し大きな視野の下《もと》で、「生命の秘密」のほうに迫《せま》ろうとしており、「それにつながる、何か大きなものがあったけれども、それが阻《はば》まれた」という感じがしているのですが。

小保方晴子守護霊　うーん……。

里村　確かに、「万能細胞」ということで、マスコミは、最初、「すべての病気に効《き》く」「万病《まんびょう》に効く」というように捉《とら》えて騒《さわ》ぎましたが、もう少し大きな意図があり、また、大きなものが見えたのではないですか？

小保方晴子守護霊　うーん。やっぱり、こういう生命科学の世界では、「生命を創り出す」っていうことは、最終的には、大きな試みではあります。「生命を創り出し、さらに進化させられるか」っていうことですよね。すべて、そこにかかってくるんだけど。

でも、それは、どう考えても、「高度なテクノロジーだけでできた」っていう考えでは……、まあ、「宇宙人が介入《かいにゅう》した」とかいうようなことであれば別かもしれません。そういうのは別かもしれませんが、そうではない、自然条件のなかでそれが起きたとしたら、それは、ほんと、光とか水とか、酸性とかアルカリ性とか、塩分とか、水中のなかに入ってるマグネシウムだとか、カルシウムだとか、バリウムだとか、そういういろいろなもの、あるいは、土や砂の成分とか、そういう何らかの非常にシンプルな、何かの反応で起きてきたとしか思えないんですよ。それ以外にありえないので。

だから、「そのシンプルなもので変化する方法をつくり出そう」としてたんですけど……。

里村　うん、うん。

7 「万能細胞《ばんのうさいぼう》」を取り巻くさまざまな組織の思惑《おもわく》とは

「誰《だれ》か」の逆鱗《げきりん》に触《ふ》れた「万能細胞《ばんのうさいぼう》」という言い方

小保方晴子守護霊　ちょっと、言い方がね。「万能細胞《ばんのうさいぼう》」という言い方が……。嫉《しっ》妬《と》のすべてはこれじゃないかと思うんです。もとは「刺激惹起性多能性獲得細胞《しげきじゃっきせいたのうせいかくとくさいぼう》」っていうことだったんですが、「万能細胞」という言い方が誰かの逆鱗《げきりん》に触《ふ》れたのかなとは思いますけどもね。

綾織　誰《だれ》か？

小保方晴子守護霊　誰かのね。

綾織　ほお。

里村　誰ですか？

小保方晴子守護霊　誰かでしょう。誰かの逆鱗に触れて……。

里村　誰かというのは……。

小保方晴子守護霊　だから、それは、〝推理小説〟を読めば分かるでしょう、そのくらいは。

私は、それ以上、言いません。今、とうとう窃盗犯《せっとうはん》にまで身分を落とされているので、もう申し上げませんけれども、これは、ある意味で、「自動車会社同士の新車開発における潰《つぶ》し合いみたいなものが起きた」と見ていただいて結構なのではないかとは思います。

里村　うーん。

援護《えんご》した幸福の科学を気遣《きづか》う小保方博士守護霊

小保方晴子守護霊　まあ、自殺された先生が、もう少し強くあってくだされぱと思ったんですけど、マスコミの記事がきつくて……。

里村　笹井《ささい》博士が亡《な》くなられる一週間ちょっと前ぐらいに、NHKがスペシャル番組で、「STAP《スタップ》細胞は捏造《ねつぞう》である」と放送していました。さらに、笹井教授の個人的なメールまで番組で取り上げていました。

小保方晴子守護霊　うーん。

里村　私は、「これは危ないな」と思いました。

小保方晴子守護霊　つまり〝魔女狩り《まじょがり》〟ですよね。

里村　ええ。

小保方晴子守護霊　そういう感じでしょう。あなたがたも、いつも、そういう感じで見張られているとは思いますけど、私なんかをきっかけにして、そうならないことを祈《いの》りたいと思います。

里村　いえいえ。とんでもございません。

小保方晴子守護霊　〝トカゲの尻尾《しっぽ》切り〟で、私を切ってくださっても結構ですので。もし、「科学のことは、よく分からなかったので間違《まちが》えました」とおっしゃるなら、そう言ってくださって結構です。私が、そちら（幸福の科学）にお願いしたわけではなくて、義侠心《ぎきょうしん》で言ってくださったんだろうと思いますけれども。

「若い女性に名誉《めいよ》は与《あた》えられない」という判断が先にあった

小保方晴子守護霊　ただ、うまく説明できないんですけど。本当の検証でしたら、実際は、関連で一緒《いっしょ》にその研究をしていた人の調査と、みんなの証言を取って、発表しなければいけないけど、理研《りけん》っていう組織自体が、それを阻《はば》みましたからね。

里村　先ほど、「誰かが」という話もありましたし、「誰かは想像すればよい」ともおっしゃっていましたが、それについては、次のような意見もあります。

それは、アメリカの巨大《きょだい》製薬企業《きぎょう》です。

彼らは、この研究に非常に注目していて、日本からアメリカのほうにすべてを引っ張ってくるために、「小保方博士を潰して、ベースの部分はそのままアメリカで続ける」という、陰謀論《いんぼうろん》的な話も一部ありました。

あるいは、もう一つ、中国の研究機関もたくさん理研のほうに入って提携《ていけい》もしていますので、実は、そのあたりが、技術を盗《ぬす》もうとしたのではないかと。

このあたりは、いかがでしょうか？

小保方晴子守護霊　「協力を仰《あお》がねばならないところ」と、「秘密を護《まも》らなければいけないところ」と、両方あったので。

私には、ちょっと〝抜《ぬ》けてる〟ところがあることはあって、ときどき隙《すき》ができるところがあるので、考えが非常に鋭《するど》い方から見れば、狙《ねら》えるところがあったのかなとは思いますけども。

でも、外国は知りませんが、日本的な思考として、「三十歳《さい》ぐらいの若い女性に、それだけの名誉《めいよ》は与《あた》えられない」っていう判断が、先にあったと思われます。

里村　うーん。

小保方晴子守護霊　まあ、これは、横綱昇進《よこづなしょうしん》で言えば、「二十歳では昇進させない」っていうような感じの言い方ですかね。

里村　はい。

小保方晴子守護霊　これは、あったと思うけれども、ちょっと研究者としてはきつかったですね。それとは関係のない、いわゆる社会的事件のほうのドロドロみたいなほうに巻き込《こ》まれていった感じだったので……。

まあ、しかたがないのかもしれません。過去の宗教家なんかも、こんな感じで、よく火あぶりになったり、いろいろされたりしたのでしょうから、しかたがないのかもしれませんが。ちょっと悔《くや》しいかなあ。

いろいろなところから来る〝念波《ねんぱ》〟の意味

綾織　小保方さんご本人としては、「今後、どうしたい」とか、「こういうものをやってみたい」とかいうようなものは、何かあるのでしょうか。

小保方晴子守護霊　いやあ、念波《ねんぱ》としては、「死んでほしい」っていう念波しか来ないんですけど。

里村　まだ今もですか？

小保方晴子守護霊　ええ。

里村　いちおう、理研としては結論が出ましたが……。

小保方晴子守護霊　いや、死んでもらうのが、いちばんいいですよね。そうすれば、何にも傷つかないで、みんな隠《かく》せるから。

里村　理研としては、すでに、いちおう結論を出したかたちになっていますが、それは、どのへんから出てくる念波なのですか。

小保方晴子守護霊　中心的には理研からも来てますけれども、それ以外の、つまり取材している方とか、ライバル系の研究者とか、いろいろなところから、「死ね、死ね」という感じの念波は来ますね。

綾織　やはり、その人たちにとっては、それほど困る存在なのですね。

小保方晴子守護霊　困ることだと思います。

里村　もうすでに、小保方博士は社会的にはかなり抹殺《まっさつ》されている状態にあるけれども、まだ、そういう念波が来るのですか。

小保方晴子守護霊　いや、「口封《くちふう》じ」はしたいんだろうとは思います。

里村　はあー。

綾織　兆単位のお金が関わってくると思うので、もしかしたら、（小保方博士に）

物理的に危害を加えるというようなこともありうるのではないかと思ってしまうのですが。

小保方晴子守護霊　うーん……。（ため息）それは、中国とか、アメリカとかまで言い始めると、もうきりがないところはあるけど、関係はあるかもしれません。それ（ＳＴＡＰ細胞）を実用化した場合、「巨大なマーケット」が、そこに生まれてくるので。

里村　ええ。

小保方晴子守護霊　それは、ないとは言えないとは思うんですけど。うーん、護り方が、ちょっと脆弱《ぜいじゃく》だったですかね。

里村　いやいや、一人の女性ですから。

予算の取り合い問題が絡《から》んでいた可能性も

里村　文部科学省は科学の分野を含《ふく》めて管轄《かんかつ》していますが、今回の疑惑《ぎわく》が出てきてから、「彼らは、『しっかりと研究者を護ろう』という意志が弱いのではないか」と思います。私は、去年の四月から、ずっとそう見ていたのですけれども、それについては、いかがでしょうか。

小保方晴子守護霊　文部科学省は、全体に予算を削《けず》る方向で来ているなか、理研のほうの予算だけを何とか確保しようとしていたんですが、その矢先に、この事件が起きたので。その意味では、推理小説みたいに書けば、〝陰謀史観〟みたいなものも書けるとは思います。「よそがみんな、予算を削減《さくげん》されていくなかで、増やそうとしているところが狙い撃《う》ちになった」ということですので、〝陰謀史観〟で言えば、それは、すごい技になるでしょうね。

予算を握《にぎ》ってるのは、文科系の役人だとは思いますけれども、だから、そういう意味で、「PR合戦」と「ネガティブキャンペーン合戦」だったんだとは思います。今回も、匿名《とくめい》のメールか何かあたりがきっかけになっての、ドンデン返しだと思いますが、いわゆるマスコミ的なやり方に、よく似ていますね。週刊誌なんかによく似たやり方でやられたんですけども。

それは、予算の取り合いの問題も絡《から》んでいた可能性はあるとは思いますが、私には、ちょっと抜けてるところがあって、もう少し善意で世間《せけん》を見てたところがあったので。

里村・綾織　はい。

小保方晴子守護霊　ただ、そういうのだったら、「最初から別の対応をしなければ

●匿名のメールか何か　Nature（ネイチャー）誌に論文掲載後、研究者間のSNS上で疑惑を指摘した投稿が発端とされる。大学や研究機関等のメールアドレスを持つ者なら匿名で参加できるサイトのため、誰がどんな意図で投稿したかの追跡は難しい。

いけなかったかなあ」っていう……。

綾織　うーん。

小保方晴子守護霊　申し訳ないです。

綾織　いえ、とんでもございません。

8 「生命誕生の仕組み」は科学者の最後の謎《なぞ》

「生命が発生できる条件」に絞《しぼ》りをかけようとした小保方博士の研究

小保方晴子守護霊　私には、もう研究所もなければ、博士号もどうせ、今年消えるんでしょうから、「死ぬか、どこかの学習塾《じゅく》ででも教えてろ」っていうことなんじゃないですか。

綾織　よい塾があったりするのですが、それはちょっと置いておきまして……（笑）。

小保方晴子守護霊　（苦笑）

綾織　これには、「一女性科学者を葬《ほうむ》った」ということだけではなく、大きな影響《えいきょう》があると思います。「これからの科学において、どういう未来を拓《ひら》いていくのか」というところに関わってくるでしょう。

先ほどから、「実験をして迫《せま》っているけれども、まだ、なかなか最後のところまでは分からない部分が多い」ということでした。

しかし、逆に言うと、それは、「今後の科学は、今までの近代科学のやり方とは違《ちが》うスタイルでやらなければならないのだ」ということを示している可能性もあると思うのです。

そこで、「これからの科学は、このように手法を変えないといけない」ということに対して、何かお考えはありますか。

小保方晴子守護霊　ですから、今、あなたがたも、きっと同じ問題に当たっていると思うんですけど、結局、人間っていうのは、「タンパク質とカルシウムと水で出来上がったロボット」なんですよね、この世的にだけ見た場合。

里村　うん、うん。

小保方晴子守護霊　タンパク質とカルシウムと水程度で出来上がった……。

里村　マテリアル（物質的）に見たら、ですね。

小保方晴子守護霊　そう、そう、そう。でも、「実際に、カルシウムとタンパク質と水だけでロボットをつくってみろ」って言われても、つくれないですよね。これは不思議な生命ですよね。

それから、「遺伝子の〝二重らせん構造〟こそが魂《たましい》の正体だ」とか言ってるような方もいらっしゃいますけれども、あなたがたから見れば、おそらく、とんでもないことなんだろうと思います。

生命の起源は、霊的《れいてき》なものなのか、そうした設計図そのものなのか。「魂の転生《てんしょう》輪廻《りんね》は、遺伝子のつながり、つまり、遺伝子が分かれて親から子へつながっていくことなんだ」っていう、ドーキンスみたいな方もいらっしゃるから、これは、戦いなんだろうと思うけど。

（生命は）あまりにも合目的的《ごうもくてきてき》にできすぎているので、やっぱり、「設計者」がいるんだろうとは思いますけれどもね。

ただ、私たちの研究は、もし全体ができれば、宇宙での生命の誕生、および進化の可能性も同時に見えてくるものではあったので。「こういう条件下なら、生命が発生できる」っていう絞《しぼ》りを、もう一段かけられるものではあったんですけどね。

要するに、「弱酸性の海で生命が発生する可能性がある」っていうことですよね。

●リチャード・ドーキンス（1941 ～）　イギリスの進化生物学者・動物行動学者。自然選択の実質的単位が遺伝子であり、生物は遺伝子の乗り物にすぎないという考えを提示。ダーウィンの思想的な継承者とされる。著書『利己的な遺伝子』等。

科学者には「生命の誕生」について答える義務がある

里村　その流れから言うと、小保方博士たちの研究というのは、iPS細胞《さいぼう》などとは違う次元であり、科学の世界にパラダイムシフトを起こす可能性があったと思うのです。

つまり、今までの近代科学における、「目に見えるものだけで研究する」「今あるものだけで研究する」というところから、「目に見えないものとの関わりのなかで、科学を研究する」という方向に道が拓かれたのではないでしょうか。

小保方晴子守護霊　だから、〝魔女《まじょ》〟に見えてるんだと思うんですよ。

里村　うーん。

小保方晴子守護霊　〝魔女狩《が》り〟が起きる理由は、そこにあると思うんですが。

里村　今回の事件は、この世的には、週刊誌的な報道がどうだとか、文科省の予算のぶん取り合戦などもありますが、守護霊様なので、あえてお伺《うかが》いします。霊的に見ると、もしかしたら、STAP《スタップ》細胞を潰《つぶ》そうとした霊的実体があるのではないでしょうか。

小保方晴子守護霊　……。

里村　「人類の科学を、こういう方向に進ませて、あの世とか、霊界《れいかい》との関わりとかを研究させたくない」というような、そういうものがあったのではないでしょうか。

小保方晴子守護霊　まあ、それについては、専門ではないので、十分にお答えはできないかもしれませんけれども……。

やっぱり、科学者には、最終的に「生命の誕生」について答える義務があると思うんですよね。

里村　はい。

小保方晴子守護霊　宗教も、今、それから〝逃《に》げて〟きているようには見えます。だから、科学の側から、生命の誕生の秘密を何か解き明かすことができたら……。

「神様の発明を手伝った〝手〟の助力」を解明したい

小保方晴子守護霊　魂っていうものが、人間の体に宿る高度なものだとしても、原始の世界においては、もっとシンプルな命のはずですよね。

里村　はい。

小保方晴子守護霊　はかなく、シンプルな命だと思われるんですよ。「その、はかなくシンプルな命が生まれてくる理由、および、はかなくシンプルな命が、少しだけ目的性を持った器官とか、いろいろな生き物とかに変わってくる理由は、何なのか」っていう、ここの、「神様の次に来る部分」ですよね？

里村　ええ。

小保方晴子守護霊　神様の発明の次に来る部分、あるいは、「神様の発明を手伝った〝手〟は何をしたのか」というところの問いなんですよね。

綾織・里村　うーん。

小保方晴子守護霊　これが問題なので。いわゆる科学哲学《てつがく》としては、そういうことになりますね。

「神様はいらしてもいい。それは目に見えないかたちでいらしても構わない。エネルギー体でも構わない。あるいは、知性体でも構わないけれども、現実世界で命が生まれたということは、その現実世界において、それを命あらしめる〝手〟が何かあったはずだ。この〝手〟に当たる部分の助力《じょりょく》は何であったのか」ということの解明ですよね。

綾織　ええ。

小保方晴子守護霊　これができて、その生命の器官の一部でも変化させていく実験ができてきたら、それはものすごい進化が進むし、おそらく、宇宙レベルでの地球の進化度は、そうとう違ってくる。

綾織　はい。

小保方晴子守護霊　ほかの星に、もし宇宙人がいて、地球に来ているという説が正しいとしたら、彼らはもうそのレベルまでは、当然来ているはずですよね。
ただ、地球人においては、海底のタコ一匹《ぴき》が、その色を変えたり、周りの砂の色に変わって見えなくなったり、墨《すみ》を吐《は》いたり、いろんなことをすることだって、なかなか分からないし、吸盤《きゅうばん》が何ゆえにできてくるのかも分かりません。
でも、意思があれば、そこに道が拓《ひら》けるような生き物のあり方ですよね？

里村　ええ。

小保方晴子守護霊　そんな、自分を客観的に見る目がどこにあるのか分からないけど、周りの砂と同じ色に、タコだって、イカだって変わります。

綾織　うん、うん。

小保方晴子守護霊　防衛のための兵器として墨を吐くし、それから、獲物《えもの》を獲《と》ったり、自分の居場所を確保したりするために、吸盤も発達してくる。

これは、放っておけば、偶然《ぐうぜん》にそういうものができてくるのかどうか。そのへん、やっぱり、ある種の意思は働いてますよね？

里村　うん。

小保方晴子守護霊　その「意思」と、「唯物《ゆいぶつ》的な原材料との組み合わせ」は、いったいどういう関係にあるのかっていうところが、根本的な発想のもとにはあるんですよ。

STAP《スタップ》細胞《さいぼう》の研究は、時代に先《さき》んじすぎたのか？

綾織　神様以外に、意思を働かせている存在もあるということになりますか。

小保方晴子守護霊　ですから、私たちは、矩《のり》を踰《こ》えたのかもしれませんけれども。うーん、矩を踰えたのかもしれませんが、「神様の領域」まで明らかに入ってしまったのかもしれないので。

そのための罰《ばつ》は、いろんなところから来たのかもしれないとは思うんですけど。下手《へた》をすると……、私たちの考えからいくと、生命を創り出し、病気も治せるけれども、もしかしたら、「不老不死《ふろうふし》の世界」をつくり出す可能性があることはあるので。

再生させていけばいいわけなので。病気になったところを再生させていけば、不老不死が可能になるので。

綾織　ほお。

小保方晴子守護霊　まあ、もし、これで「神罰《しんばつ》が当たった」って言うんだったら、それはしかたがありませんけれども。

綾織　まあ、神罰かは別にしても、それで困る、いろいろな業界があるというのは間違いないですね。

小保方晴子守護霊　うーん、ちょっとキャパを超《こ》えたのかなあ。分かりませんが。

里村　いや、キャパを超えた、あるいは、ある意味で早すぎた、時代に先んじすぎたということでしょうか。

小保方晴子守護霊　いや、たぶんね、百年もかからないとは思うんですけど。いずれ、私がしようとしたことをやる人が出てくるとは思うんですけどね。来なければいけないはずなんですが。

里村　うん。

小保方晴子守護霊　私たちも何か、「成功例だけをクローズアップして出して、失敗例をあまり多く語らなかった」というプレゼンをしたところは責められてると思いますから、しかたないんですけど。

うーん、日本としては惜《お》しかったなと思うんですけどね。

里村　日本としては……。

小保方晴子守護霊　惜しかったんじゃないかな。だから、ハーバードで研究してもよかったけど、アメリカのものになりますから、本当に。

里村　そうですね。

小保方晴子守護霊　日本のものにしたくて、こちらに帰ってきて、やっていたので。

里村　うん。

小保方晴子守護霊　「惜しかったな」という。

あの亡《な》くなられた先生も、ノーベル賞が取れたんじゃないかと思うんですけどね、これに成功すれば。

将来、「目的性を持った新しい生物」を創り出せる可能性がある

綾織　私たちの気持ちとしては、今後も、小保方博士に頑張《がんば》っていただきたいと思っているのですけれども。

小保方晴子守護霊　いや（苦笑）、私は「塾の講師」か「自殺」しか、もう選択肢《せんたくし》はない……。

綾織　いえいえいえいえいえ。

小保方晴子守護霊　毒殺というのもありますけど。事故死もありますけど。

里村　いやいやいや。

綾織　「一緒《いっしょ》にやっていこう」という気持ちも込《こ》めてなのですが、これから若い方々が、この分野にチャレンジするとして、何かアドバイスを頂けることはありますでしょうか。

小保方晴子守護霊　いやあ、少なくとも、十年は遅れたと思いますよ、これで。

綾織　ああ……。

小保方晴子守護霊　この事件で、十年は遅れたと思うので。

だから、今までの研究者から見れば、魔女が箒《ほうき》に乗って空を飛ぶような話に聞こえたんじゃないかとは思いますけどね。たぶん、そういうふうに見えたんでしょうけど。

でも、二十一世紀は、「ミラクルの世紀」になると思いますよ。今まで……、もう百年前には、科学的に不可能だと思ったことが、どんどん実現していく世界なので。

里村　はい。

小保方晴子守護霊　あなたがたで……、まあ、私はできないかもしれませんが、若い人たちが生きている間に、自《みずか》らの手で、「新しい生物」を創り出すことができるようになるだろうと思いますよ。

綾織　そうですね。

小保方晴子守護霊　うん。「新しい生物」を創れるようになると思います。「目的性を持った生物」を、たぶん創り出せる。

例えば、火星に持っていって生かすことができる生物とかですね、木星で生きることができるような生物や、環境《かんきょう》に合わせて生きることができるような生物を創ることはできる。

だから、いわゆる〝宇宙人〟を自分たちで創り出せるようになるだろうと思うんですよね。（STAP《スタップ》細胞《さいぼう》は）この原点のところにあるものなので。

綾織　まさに、そのときには、「生命とは何か」「命とは何か」という、しっかりとした宗教的価値観が要《い》ると思います。そういう時代でもあるということになりますね。

「生命分野に関しての第一原因論を探究したかった」

小保方晴子守護霊　「神様の創造・造化作用というのを、科学が否定して乗り越《こ》えられるか」「それを認めた上で（科学が）成り立つか」っていう、最終的な戦いは残っていまして。

だから、哲学的に言うと、「第一原因論」といわれているもので、「そもそも始まりは何だったんだ」っていう、「始まり」ですよね。「始まりは分からない。結局、第一原因は分からない」ということになっています。その第一原因に挑《いど》むことですよね。生命の第一原因だし、ビッグバンなんかは、宇宙の第一原因ですよね。

ビッグバンが始まる場合、宇宙は一点だった。でも、宇宙が一点だったら、その周りはいったい何があったのか。それについては分からない。その前については分からないし。

さらに、「時間って、何なんだ」っていうことも分からない。「時間というのは、いったい何なんだ」と言っても、時間と空間とは別のものではなくて、それは相関するものであるし、「時間と空間と重力は、相関するものである」っていうのが、この百年の物理学の成果ですよね。

「宇宙創成」に関して、そういうものが出てきているけど、もう一つの謎《なぞ》は「生命誕生の仕組み」ですよね。

里村　はい。

小保方晴子守護霊　この二つ、「宇宙の創成」と「生命の創造」を解き明かせなければ、科学者としては、最後の謎が解けないでいると思うんですよね。

だから、皆様がたの信仰《しんこう》を裏切るわけにはいかないけども、「神様が全部なされました。はい、終わりました」っていうんじゃなくて、神様がなされてもいいんだけれども、この地上界で、それを現象化するためには、何らかの「三次元的な媒介《ばいかい》作用」が必ずあったはずなので。この「手先に当たる部分、手に当たる部分、ものをつくった部分に当たるものは何なのか」というところを、明らかにしたいんですよね。

そういう意味で、確かに、私の考えは、もっともっと先まで進んではいるわけで。それを「騙《だま》し」とおっしゃるなら、それでも結構ですけど、哲学なんか、そんなことを言ったら、ほとんどみんな騙しじゃないですか。実際は分からないことを、何だかんだと考えて、つくってるようなものですけど（笑）。

やっぱり、これに挑戦《ちょうせん》したかった。今回はですね、この第一原因論のなかで、「生命の分野に関しての第一原因論を探究したかった」というのが、率直《そっちょく》な気持ちです。

9 「それでもＳＴＡＰ《スタップ》細胞《さいぼう》は存在する」

ＳＴＡＰ《スタップ》細胞《さいぼう》が秘めている驚異《きょうい》の可能性とは

里村　私からは最後の質問になりますが、これは念のための質問です。

小保方晴子守護霊　はい。

里村　ぜひ、はっきりとおっしゃっていただきたいのですけれども、このＳＴＡＰ《スタップ》細胞《さいぼう》について、あるのかないのか。そして、捏造《ねつぞう》はしていないのか。これについて、守護霊様の口からお答えいただきたいと思います。

小保方晴子守護霊　ええ。もう一回、申し上げます。

（『小保方晴子さん守護霊インタビュー　それでも「ＳＴＡＰ細胞」は存在する』〔前掲《ぜんけい》〕を手に取り）書いてあるとおりで、「ＳＴＡＰ細胞」はあります。そして、つくれる可能性はあります！

しかし、これだけの悪意のなかで、それを再現できる人は、残念ながら、今の状《じょう》況《きょう》ではありえないと思います。資金的なところだけでなくて、人的協力、物理的協力、生物的協力、機械等の協力など、いろいろなものがあってのことですので。お金もなくて、「やれ」と言われても、できるものではありません。

私には関係ありませんけど、このあとにできてくる世界は、医学や薬学的に見れば、ものすごく巨大《きょだい》なマーケットです。それが、たぶん拓《ひら》けているはずですね。

だから、私たちの研究から行けば、おそらく……、ここまで言ってはいけないのかもしれないですけど、新しい生命を創れる可能性があるし、人間だけに限って言えば、遺伝子改良して、将来の病気等も全部防《ふせ》いでいけるようなところまで、発展していく余地はあるものではあったというふうに思っています。

「今回の件で、ＳＴＡＰ《スタップ》細胞《さいぼう》の開発が最低でも十年は遅《おく》れた」

小保方晴子守護霊　私の信用を全部失わせることで、葬《ほうむ》ろうとしているので、もうどうにもなりませんけれども、こんな、「ＥＳ細胞を盗《ぬす》んだ」とか、こういう言われ方はないし。

ノーベル賞候補でもあったような先生や、あるいはハーバードの教授までが、そんなものに巻き込《こ》まれて、みんな私に騙《だま》されたとか、私がそれだけの悪女で、自己顕示欲《けんじよく》でみんなを弄《もてあそ》んで、人生を狂《くる》わせてまで、この世の中で有名になりたかったみたいなストーリーは面白《おもしろ》いかもしれませんけど……。

まあ、（私が）多少バカだったことは認めますけども。バカなところはあったのかと思いますが、私たちは専門職的にも没頭《ぼっとう》しているから、〝世の中の方程式〟が分からないので、どういうふうにしたら、どういうふうにされるかが分からないので、残念だったと思います。

ＳＴＡＰ細胞はありますし、いずれ誰《だれ》かの手で、客観的なところまでつくれるくらいには行くと思いますが、今回の件で、最低でも十年は遅《おく》れたというふうに見ていいと思います。

世間《せけん》によって「消された人」は、歴史的にたくさんいる

綾織　ＳＴＡＰ細胞につきましても、小保方さんご本人につきましても、何とか私たちとしては、道が拓けるような、何かしらの努力をしていきたいと思います。

小保方晴子守護霊　いえ、もういいんです。私はＭＥＲＳ《マーズ》に……、ＳＴＡＰ細胞じゃなくて、〝ＭＥＲＳ細胞〟になっちゃったんで（苦笑）。

里村　いやいやいや。

小保方晴子守護霊　〝ＭＥＲＳ〟は切り離《はな》したほうが……、隔離《かくり》するしか方法はありませんので、どうぞ隔離してください。

もう、「マンションの窓から飛び降りろ」って、みんな言ってますから……。

綾織　いえいえ。くれぐれも、地上のご本人が、そういう選択《せんたく》をされないようにしてください。

里村　ぜひ、守護霊様がご本人を護《まも》ってください。

小保方晴子守護霊　まあ、そういうふうなかたちで、歴史的には消えた方がいっぱいいいますので……。

里村　しかし、歴史的には、そういうなかで真理が明らかになってくることが多かったのも、また事実ですから。

綾織　「十年」ということで言いますと、小保方さんご本人も、その時代を見ることができますので。

小保方晴子守護霊　生きていればね。

里村　いや、生きています。生きていただきたいと思います。

綾織　ぜひ、それを地上で見ていただきたいと思います。

国家的プロジェクトは何十年も粘《ねば》らなければ成り立たない

小保方晴子守護霊　今回のは、ちょっと大きかったし、「若い女性に、これだけの予算が使える」っていうことに対する妬《ねた》ましさみたいなものも、そうとうあったようには思いますので。うーん、厳しいですね。

理系の実験は、だいたい九十何パーセントは失敗ですので、そのために費用を使ってるのが、なかなか認《みと》めがたいところはあるんでしょうけどね。国庫《こっこ》が財政赤字のなか、それは認めがたいというところがあったんでしょうけどね。

里村　そのなかの一つが、未来を拓くわけですから。

小保方晴子守護霊　でも、やっぱり、何十年かは粘《ねば》るだけのキャパがないと、国家的なプロジェクトとしては、成り立たないんじゃないかなと思います。

まあ、マスコミの方々も、今は生き残るために、非常に大変なんだろうとは思いますけど。たぶん、インターネットの普及《ふきゅう》で、みんな生き残れない世界のなかで、必死に〝獲物《えもの》〟を探していらっしゃるんだと思うので、「悪い女」が出れば出るほど、面白いんだろうとは思いますが。

うーん、私は魂《たましい》的に〝隙《すき》がある〟というか、抜《ぬ》けているのはしかたがないとは思っておりますが、考えとしては、先ほど言った、「宇宙は、どうしてできたのか」っていう第一原因論の……、これは物理学のほうで、ずいぶん研究しているところですが、もう一つの第一原因論で、「生命は、なぜ発生したのか」という、この部分を解き明かしたいという気持ちがあったんです。

いや、おたくの大学（ハッピー・サイエンス・ユニバーシティ）に行って、また週刊誌の物笑いにされるようなことは、別に願ってませんので。もう、それは結構ですので。

これに耐《た》えるだけの力を与《あた》えてくださっていることは、本当にありがとうございます。もう本当に、幸福の科学関係の方々からは、一年間、いろいろとご支援《しえん》……、一年以上ご支援いただきまして、〝敗戦〟ながら、ここまで何とか持ち堪《こた》えることができました。

残念ではあるけども、警察なんかで答えが出るようなことはありえないので。警察の〝科学研〟ぐらいで、こんなのが分かるようなものではありませんので、無理です。私たちが最先端《さいせんたん》なんですから。私たちが、これをやらないかぎり、できやしないものだったので。

できたら、（幸福の科学に）あんまり累《るい》が及《およ》ばないようにしていただきたいと思います。「小保方は〝ＭＥＲＳ〟に罹《かか》って、今、隔離中《かくりちゅう》」ということで、接近しないのがいちばんかと思います。

里村　いえいえ。

小保方晴子守護霊　こんなことで手にかかって、また週刊誌なんかに引きずり込まれないようにしてください。私が「信者だった」みたいな報道でもされたら、また被害《ひがい》が出ますよ。そんなことはありませんから、私は……。

里村　ご忠告は受け止めさせていただきますけれども、私どもは、私どもなりの頑《がん》張《ば》り方で行きたいと思います。

明日《あした》、死刑《しけい》になっても、「それでも『STAP《スタップ》細胞《さいぼう》』は存在する」

小保方晴子守護霊　でも、うれしかったです。みんながものすごい責める波動《はどう》のなかで、「ザ・リバティ」さんだけは号外なんかを配ってくださって。

綾織　はい。

小保方晴子守護霊　そのあと、本を出してくださって。少なくとも、一年ぐらいは戦う力は頂きましたので。本当にありがとうございます。

綾織　いえいえ。ありがとうございます。

小保方晴子守護霊　これ、また何か、マスコミと〝戦争〟を始めるのかどうか知りませんけども、あんまり累が及ばないように……。

私たちの直属の人たち、上司たちや、同僚《どうりょう》まで裏切ったんですから、あなたがたが私を見放すっていうことは、当たり前のことですので。何も利害はないし、得することなんか何一つございませんので、関わらないのがいいです。〝ＭＥＲＳ〟には、マスクをして、接近しないのがいちばんでございますから。

ただ、日本が、もし先発《せんぱつ》だったのであれば、「大きなものを逃《のが》した」ということだけは、私の〝遺言《ゆいごん》〟として、遺《のこ》しておきたいと思っています。

綾織　これは日本のためであり、私たちは、「未来の科学のために」という考え方でやっていきたいと思います。

小保方晴子守護霊　いや、宗教的に明かしてくださって結構なんですけど、やっぱり、この世の側で、それをつくっていく者も要《い》るんじゃないかなと、私は思ってるんですけどね。

里村　私たちは、真理の探究を続けるのみでございますので。

小保方晴子守護霊　うーん……。まあ、ちょっと悔《くや》しゅうございます。残念ですが、嫌疑《けんぎ》を晴らすことはできないでしょう。言葉で説明ができるようなものではないので……。

綾織　ただ、今日のお話が自己顕示欲から出ているというのは、まったく感じられませんでした。それは、読者には分かると思います。

小保方晴子守護霊　私が詐欺師《さぎし》や窃盗犯《せっとうはん》、泥棒《どろぼう》に見えるかどうかは、もう、みなさんにお任せしますけど。

三十一になったくらいの女が、そんな、教団を全部まるごと騙して、何かしなきゃいけないことはありませんので。私の奥《おく》には、「偉大《いだい》な科学的な使命」が働いていたことは事実なんですけど、地上の私の出来が悪いために、うまくいかなかったということで、本当に残念です（注。以前の霊言《れいげん》において、小保方博士の魂のきょうだいの一人は、天文学の父と称《しょう》されるガリレオ・ガリレイであることが示唆《しさ》されている。前掲『小保方晴子さん守護霊インタビュー　それでも「ＳＴＡＰ《スタップ》細胞《さいぼう》」は存在する』参照）。

綾織　ぜひ、地上のご本人を支えていただいて、これからも、ご活躍《かつやく》いただければと思います。

小保方晴子守護霊　「それでも『ＳＴＡＰ細胞』は存在する」。そのとおりです。私は、もう一度言います。明日《あした》、死刑《しけい》になっても構いません。

里村　今日は長時間にわたって、また、お疲《つか》れのところ本当にありがとうございました。

綾織　ありがとうございました。

10 二度目の小保方博士守護霊霊言《れいげん》を終えて

幸福の科学の見解は、一年以上前と変わっていない

大川隆法　うーん。

まあ、実験科学とぶつかったり、最近は、法律なんかとも、ちょっとぶつかったりしていますね（『左翼《さよく》憲法学者の「平和」の論理診断《しんだん》』〔幸福の科学出版刊〕参照）。

里村　はい。

大川隆法　法律的真理と、世の中全体の真理、あるいは、政治的真理と同じかどうか等も、引っ掛《か》かってはきているのでしょう。

やはり、「法律には、論理性や整合性など、そういうテクニックがあって、それに合っていないものはいけない」というのと同じように、科学のほうにも、「自分たちの手続きに則《のっと》った証明ができないかぎり、認めない」というようなものはあるのだと思います。

ただ、門外漢《もんがいかん》には分かりかねるところがあるわけです。

里村　ええ。

大川隆法　確かに、実験科学の領域についても、ある意味では、「万能細胞《ばんのうさいぼう》」のように、すべてを測るような感じになってきているところに対しては、一定の警戒《けいかい》は要《い》るのかもしれません。

小保方さんは、何か、霊的《れいてき》なものと、この世的なものとの接点を、一生懸命《いっしょうけんめい》に探していたような感じがします。

里村　そうですね。

大川隆法　生命反応化するのはどこからかを、一生懸命に探していました。まあ、冗談《じょうだん》めかして、ＭＥＲＳ《マーズ》の話もしていましたけれども、ＭＥＲＳウイルスなどにも似たようなところはあるでしょう。なぜ、そういう新しい悪質なものができるのかというところは不思議ですよね。

里村　変異ですから（笑）。

大川隆法　これは、まあ、〝悪魔《あくま》の現象化〟でしょう。悪魔がウイルスとして現象化するようなものだと思います。

里村　はい。

大川隆法　それと、いわゆる生命として誕生してくる細胞との、このあたりの関係ですよね。何か、最先端《さいせんたん》のものであることは間違《まちが》いないんでしょうけれどもね。

里村　うーん。

大川隆法　まあ、残念ですね。

私のほうも、「簡単に騙《だま》された」というようなことを言われているらしいのですが、黙《だま》っているから、そういうふうに思われているのかもしれません。しかし、「特に考えが変わっているわけではない」ということです。

ただ、われわれは、実験科学的にやってみせることはできないので、それについては何とも言えませんが、「宗教的に見た場合は、特に見解は変わっていない」ということです。

里村　はい。

大川隆法　そもそも、週刊誌なんかは、捏造《ねつぞう》、盗用《とうよう》、無断引用と、写真から文から内容から、もうやりたい放題《ほうだい》でしょう。

綾織　そうですね。

大川隆法　出所《しゅっしょ》不明のものをたくさん生み出して、やっていますからね。

里村　毎日のように敗訴《はいそ》記事が出ています（笑）。

大川隆法　もう毎日、ＭＥＲＳをばら撒《ま》いているようなことを、たくさんやっているわけです。「分《ぶん》を超《こ》えている」という意味では、お互《たが》い様で、あちらも超えているのではないかとは思いますがね。

里村　はい。

良識ある研究者が「助け船」を出してくれるとありがたい

大川隆法　ただ、自分たちが生きている段階で、「神の領域」に入り込《こ》むのは、それほど簡単なことではないのかもしれません。やはり、できるだけ早い段階で、どこかから「助け船」が出てくることを望みますが、これは、専門家でなければ無理でしょう。

綾織　そうですね。

大川隆法　専門家のなかに、「これはありえる」という意見が出てくることを願いたいですね。

綾織　はい。

大川隆法　今、別件で、憲法問題をやっていますが、ほとんどの憲法学者が「(安《あん》保《ぽ》関連法案は)憲法学的には違憲《いけん》である」という意見で、「合憲《ごうけん》である可能性がわずかにある」という意見の人は、二、三人いるぐらいのものです。ちょうど、それを引っ繰《く》り返すようなものでしょう。

ただ、憲法学的にはそうであっても、それを外側から見たらどうかという問題は、別途《べっと》あるわけです。

結局、最終結論としては、「国民や世界に、安全や平和、幸福をもたらす考えは何か」ということではないでしょうか。

里村　はい。

大川隆法　同じく、STAP《スタップ》問題も、「未来医学に対して貢献《こうけん》する考えは何なのか」ということです。やはり、「個人的利得だけでやった」と言うのは、気の毒ではないかと感じます。

また、早稲田《わせだ》大学も、博士号を取り消すようなことを言っていますが、自分たちの首を絞《し》めなくてもよいでしょう。それでは、「早稲田にはノーベル賞を取る資格はなかった」と自分で認めるような感じだと思います。何か、もう少し頑張《がんば》ったらよいのではないでしょうか。

うーん、ちょっと残念な感じですね。助けてあげられないのが残念です。

綾織　はい。言論としてやっていきたいと思います。

大川隆法　言論だけですけれども。まあ、言論としては、活字を読む人であれば読めるでしょう。

現実の実験としては、どうなのかは分かりません。見ていても、おそらく、こちらは分からないと思います。

しかし、MERSのようなものでも、中東から感染者《かんせんしゃ》が一人入ったことで、韓国《かんこく》では、あれだけ広まっていきました。今、患者《かんじゃ》が隔離《かくり》されるなど、すごい状況《じょうきょう》ですが、実体化して増えてくるということがあるわけです。

これは、STAP細胞の逆かもしれません。STAP細胞は治療《ちりょう》のためのものをつくろうとしているわけですが、MERSのような〝病気細胞〟（病原体）であれば、自然にできるんですよね。

そういう意味では、「逆のものもありえるのではないか。何か治療のためのものものもつくれるのではないか」ということでしょう。

確かにこれは、すべて後追《あとお》いになっているのかもしれません。

いずれにせよ、「誰《だれ》か良識のある研究者が、助け船を出してくださったらありがたいな」と、私は思います。

里村・綾織　はい。ありがとうございました。

あとがき

生命発生の謎《なぞ》とその進化の理由に迫ろうとしているのは、一流の科学者の証明である。第一原因論は哲学的にも難しいものだが、実験科学で神の領域に迫ろうとするのは、限りなく難しいことである。

私自身も釈尊《しゃくそん》の六大神通力《ろくだいじんつうりき》と同じものを持っているが、それは信仰の立場に立って初めて悟得《ごとく》できるものであって、実験科学的に証明することは難しい。幼稚園の砂場遊びで、東京スカイツリーを造ってみせることが難しいのと同じような感じである。

ただ、未来を切り拓《ひら》いていくためには、未知のものへの積極的挑戦を怖《おそ》れてはならないのであって、数多《あまた》の失敗を乗り越えてゆかねばなるまい。

本書の出版により、いつもの如《ごと》く、私はある種《しゅ》のリスクを背負ってしまったが、「地獄のＣＩＡ」に負けてばかりもいられないのだ。

二〇一五年　六月二十二日

幸福《こうふく》の科学《かがく》グループ創始者兼総裁《そうししゃけんそうさい》　大川隆法《おおかわりゅうほう》

『小保方晴子博士守護霊インタビュー』 大川隆法著作関連書籍

『「未来産業学」とは何か』（幸福の科学出版刊）

『小保方晴子さん守護霊インタビュー
　それでも「ＳＴＡＰ細胞」は存在する』（同右）

『「嫉妬・老害・ノーベル賞の三角関数」守護霊を認めない理研・
　野依良治理事長の守護霊による、ＳＴＡＰ細胞潰し霊言』（同右）

『「週刊新潮」に巣くう悪魔の研究』（同右）

『左翼憲法学者の「平和」の論理診断』（同右）

『公開霊言 ガリレオの変心』（同右）

『トーマス・エジソンの未来科学リーディング』（同右）

『ニュートンの科学霊訓』（同右）

小保方《おぼかた》晴子《はるこ》博士《はかせ》守護霊《しゅごれい》インタビュー

——STAP細胞の真偽を再検証する——

2015年6月23日　初版第1刷

著者　大《おお》川《かわ》隆《りゅう》法《ほう》

発行所　幸福の科学出版株式会社

〒107-0052 東京都港区赤坂2丁目10番14号
TEL(03)5573-7700
http://www.irhpress.co.jp/

印刷・製本　株式会社 東京研文社

落丁・乱丁本はおとりかえいたします

ISBN978-4-86395-692-6 C0030

写真：EPA＝時事／AFP＝時事

大川隆法霊言シリーズ・真の科学的精神とは

小保方晴子さん守護霊インタビュー それでも「STAP細胞」は存在する

小保方氏に対するマスコミの行きすぎとも言える疑惑報道――。記者会見前日に彼女の守護霊が語ったＳＴＡＰ細胞の真実と、衝撃の過去世とは！

1,400円

「嫉妬・老害・ノーベル賞の三角関数」 守護霊を認めない 理研・野依良治理事長の守護霊による、STAP細胞潰し霊言

されど「事実」は時に科学者の「真実」を超える

大切なのは年功序列と学閥？ 理研・野依理事長の守護霊が語った、小保方氏の「ＳＴＡＰ細胞」を認められない「理研のお家事情」とは。

1,400円

公開霊言 ガリレオの変心

心霊現象は非科学的なものか

霊魂が非科学的だとは証明されていない！ 唯物論的な科学や物理学が、人類を誤った方向へ導かないために、近代科学の父が霊界からメッセージ。

1,400円

※表示価格は本体価格（税別）です。

大川隆法霊言シリーズ・偉大な科学者たちからのメッセージ

トーマス・エジソンの未来科学リーディング

タイムマシン、ワープ、UFO技術の秘密に迫る、天才発明家の異次元発想が満載！ 未来科学を解き明かす鍵は、スピリチュアルな世界にある。

1,500円

ニュートンの科学霊訓

「未来産業学」のテーマと科学の使命

人類の危機を打開するために、近代科学の祖が示す「科学者の緊急課題」とは──。未知の法則を発見するヒントに満ちた、未来科学への道標。

1,500円

もし湯川秀樹博士が幸福の科学大学「未来産業学部長」だったら何と答えるか

食料難、エネルギー問題、戦争の危機……。21世紀の人類の課題解決のための「異次元アイデア」が満載！ 未来産業はここから始まる。

1,500円

この地球《ほし》は、宇宙に必要か？
大川隆法 製作総指揮
長編アニメーション映画
UFO学園の秘密
The Laws of The Universe Part 0
製作総指揮・原案／大川隆法
監督／今掛勇　脚本／「UFO学園の秘密」
シナリオプロジェクト　音楽／水澤有一
総合プロデューサー／本地川瑞祥 松本弘司
美術監督／渋谷幸弘
VFXクリエイティブディレクター／粟屋友美子
キャスト／逢坂良太　瀬戸麻沙美　柿原徹也
金元寿子　羽多野渉　浪川大輔
アニメーション制作／HS PICTURES STUDIO
幸福の科学出版作品　配給／日活
©2015 IRH Press
UFO学園　検索！
©2015 IRH Press　配給／日活　配給協力／東京テアトル　NIKKATSU
10月10日、全国一斉ロードショー！

幸福の科学グループのご案内

宗教、教育、政治、出版などの活動を通じて、地球的ユートピアの実現を目指しています。

宗教法人　幸福の科学

一九八六年に立宗。一九九一年に宗教法人格を取得。信仰の対象は、地球系霊団の最高大霊、主エル・カンターレ。世界百カ国以上の国々に信者を持ち、全人類救済という尊い使命のもと、信者は、「愛」と「悟り」と「ユートピア建設」の教えの実践、伝道に励んでいます。

（二〇一五年六月現在）

愛

幸福の科学の「愛」とは、与える愛です。これは、仏教の慈悲《じひ》や布施《ふせ》の精神と同じことです。信者は、仏法真理をお伝えすることを通して、多くの方に幸福な人生を送っていただくための活動に励んでいます。

悟り

「悟り」とは、自らが仏の子であることを知るということです。教学《きょうがく》や精神統一によって心を磨き、智慧《ちえ》を得て悩みを解決すると共に、天使・菩薩《ぼさつ》の境地を目指し、より多くの人を救える力を身につけていきます。

ユートピア建設

私たち人間は、地上に理想世界を建設するという尊い使命を持って生まれてきています。社会の悪を押しとどめ、善を推し進めるために、信者はさまざまな活動に積極的に参加しています。

国内外の世界で貧困や災害、心の病で苦しんでいる人々に対しては、現地メンバーや支援団体と連携して、物心両面にわたり、あらゆる手段で手を差し伸べています。

年間約３万人の自殺者を減らすため、全国各地で街頭キャンペーンを展開しています。

公式サイト　**www.withyou-hs.net**

ヘレン・ケラーを理想として活動する、ハンディキャップを持つ方とボランティアの会です。視聴覚障害者、肢体不自由な方々に仏法真理を学んでいただくための、さまざまなサポートをしています。

公式サイト　**www.helen-hs.net**

INFORMATION

お近くの精舎・支部・拠点など、お問い合わせは、こちらまで！
幸福の科学サービスセンター
TEL. 03-5793-1727（受付時間 火〜金：10〜20時／土・日・祝日：10〜18時）
宗教法人 幸福の科学 公式サイト **happy-science.jp**

学部のご案内

人間幸福学部

人間学を学び、新時代を切り拓くリーダーとなる

人間の本質と真実の幸福について深く探究し、
高い語学力や国際教養を身につけ、人類の幸福に貢献する
新時代のリーダーを目指します。

経営成功学部

企業や国家の繁栄を実現し、未来を創造する人材となる

企業と社会を繁栄に導くビジネスリーダー・真理経営者や、
国家と世界の発展に貢献し
未来を創造する人材を輩出します。

未来産業学部

新文明の源流を創造するチャレンジャーとなる

未来産業の基礎となる理系科目を幅広く修得し、
新たな産業を起こす創造力と企業家精神を磨き、
未来文明の源流を開拓します。

校舎棟の正面

学生寮

体育館

住所 〒299-4325 千葉県長生郡長生村一松丙 4427-1
TEL.0475-32-7770

教育

学校法人 幸福の科学学園

学校法人 幸福の科学学園は、幸福の科学の教育理念のもとにつくられた教育機関です。人間にとって最も大切な宗教教育の導入を通じて精神性を高めながら、ユートピア建設に貢献する人材輩出を目指しています。

幸福の科学学園

中学校・高等学校（那須本校）
2010年4月開校・栃木県那須郡（男女共学・全寮制）
TEL 0287-75-7777
公式サイト happy-science.ac.jp

関西中学校・高等学校（関西校）
2013年4月開校・滋賀県大津市（男女共学・寮及び通学）
TEL 077-573-7774
公式サイト kansai.happy-science.ac.jp

ハッピー・サイエンス・ユニバーシティ（HSU）
TEL 0475-32-7770

仏法真理塾「サクセスNo.1」 TEL 03-5750-0747（東京本校）
小・中・高校生が、信仰教育を基礎にしながら、「勉強も『心の修行』」と考えて学んでいます。

不登校児支援スクール「ネバー・マインド」 TEL 03-5750-1741
心の面からのアプローチを重視して、不登校の子供たちを支援しています。
また、障害児支援の**「ユー・アー・エンゼル!」運動**も行っています。

エンゼルプランV TEL 03-5750-0757
幼少時からの心の教育を大切にして、信仰をベースにした幼児教育を行っています。

シニア・プラン21 TEL 03-6384-0778
希望に満ちた生涯現役人生のために、年齢を問わず、多くの方が学んでいます。

NPO 活動支援

学校からのいじめ追放を目指し、さまざまな社会提言をしています。また、各地でのシンポジウムや学校への啓発ポスター掲示等に取り組む一般財団法人「いじめから子供を守ろうネットワーク」を支援しています。

公式サイト mamoro.org
相談窓口 TEL.03-5719-2170
ブログ blog.mamoro.org

政治

幸福実現党

内憂《ない ゆう》外患《がい かん》の国難に立ち向かうべく、二〇〇九年五月に幸福実現党を立党しました。創立者である大川隆法党総裁の精神的指導のもと、宗教だけでは解決できない問題に取り組み、幸福を具体化するための力になっています。

党員の機関紙
「幸福実現NEWS」

TEL 03-6441-0754
公式サイト hr-party.jp

出版 メディア 事業

幸福の科学出版

大川隆法総裁の仏法真理の書を中心に、ビジネス、自己啓発、小説など、さまざまなジャンルの書籍・雑誌を出版しています。他にも、映画事業、文学・学術発展のための振興事業、テレビ・ラジオ番組の提供など、幸福の科学文化を広げる事業を行っています

アー・ユー・ハッピー？
are-you-happy.com

ザ・リバティ
the-liberty.com

幸福の科学出版
TEL 03-5573-7700
公式サイト irhpress.co.jp

THE FACT

ザ・ファクト
マスコミが報道しない
「事実」を世界に伝える
ネット・オピニオン番組

Youtubeにて
随時好評配信中！

ザ・ファクト 検索